Hanns W. Maull, Romain Kirt (Hg.)

Eine Verfassung für Europa

Dokumente und Schriften
der Europäischen Akademie Otzenhausen

Herausgegeben von
Heiner Timmermann

Band 120

LIT

Hanns W. Maull, Romain Kirt (Hg.)
Eine Verfassung für Europa
Trierer Verfassungsentwurf für die Europäische Union

LIT

Dieses Projekt wurde mit Hilfe der ASKO EUROPA-Stiftung, Saarbrücken, unterstützt

Bibliografische Information Der Deutschen Bibliothek
Die Deutsche Bibliothek verzeichnet diese Publikation in der Deutschen Nationalbibliografie; detaillierte bibliografische Daten sind im Internet über http://dnb.ddb.de abrufbar.

ISBN 3-8258-7113-4

© LIT VERLAG Münster 2003
Grevener Str./Fresnostr. 2   48159 Münster
Tel. 0251–23 50 91   Fax 0251–23 19 72
e-Mail: lit@lit-verlag.de   http://www.lit-verlag.de

Inhaltsverzeichnis

Vorwort		7
Einführung		9
Zur Entstehung des Trierer Verfassungsentwurfs		11
Arbeitsgruppen		14
Trierer Verfassungsentwurf für die Europäische Union		16
Präambel		17
Titel I:	Definition und Ziele der Europäischen Union	18
Titel II:	Unionsbürgerschaft und Grundrechte	21
Titel III:	Die Institutionen der Europäischen Union	34
Titel IV:	Kompetenzordnung der Europäischen Union	41
Titel V:	Durchführung der Maßnahmen der Europäischen Union	45
Titel VI:	Das demokratische Leben der Europäischen Union	49
Titel VII:	Finanzen der Europäischen Union	51
Titel VIII:	Wirtschafts- und Sozialpolitik der Europäischen Union	52
Titel IX:	Europäische Außen-, Sicherheits- und Verteidigungspolitik	53
Titel X:	Die Zugehörigkeit zur Europäischen Union	58
Titel XI:	Allgemeine- und Schlussbestimmungen	60
Kommentar zum Trierer Verfassungsentwurf für die Europäische Union		63
Präambel		64
Titel I:	Definition und Ziele der Europäischen Union	67
Titel II:	Unionsbürgerschaft und Grundrechte	74
Titel III:	Die Institutionen der Europäischen Union	75

Titel IV:	Kompetenzordnung der Europäischen Union	88
Titel V:	Durchführung der Maßnahmen der Europäischen Union	97
Titel VI:	Das demokratische Leben der Europäischen Union	103
Titel VII:	Finanzen der Europäischen Union	105
Titel VIII:	Wirtschafts- und Sozialpolitik der	108
Titel IX:	Europäische Außen-, Sicherheits- und Verteidigungspolitik	109
Titel X:	Die Zugehörigkeit zur Europäischen Union	126
Titel XI:	Allgemeine- und Schlussbestimmungen	128

Vorwort

Die neuzeitliche Demokratie hat zwei ideengeschichtliche Ansätze entwickelt. Der eine Ansatz ist aus den gesellschaftlichen Bedingungen und politischen Voraussetzungen im England des späten 17. und 18. Jahrhunderts erklärbar und geht fast nahtlos in die Entwicklung der USA über. Der zweite Ansatz steht in einem engen Zusammenhang mit dem absolutistischen Frankreich und mit der darauf folgenden Aufklärung und Französischen Revolution. Das Wortverständnis Demokratie besagt zunächst, dass das Volk selbst die Macht ausübt. Dieses bildet auch die Grundlage der direkten Demokratie. Demokratie besteht darin, dass das Volk direkt ohne Zwischenschaltung irgendwelcher Volksvertreter die gesellschaftlich verbindlichen Normen setzt. Die indirekte oder repräsentative Demokratie hingegen ist das Ergebnis einer Einsicht in gesellschaftliche und politische Realitäten. Die indirekte Demokratie stellt eine Synthese von demokratischer Utopie und gesellschaftlicher Wirklichkeit dar. Jede Form der Demokratie erfordert aber nicht nur eine Mischung aus plebiszitären und repräsentativen Elementen, sondern auch eine Mischung aus Konflikt und Konsens, aus Gegeneinander und Miteinander, aus Konkurrenz und Konkordanz. Die Demokratie jenseits des Staates ist die Konsequenz eines erweiterten Politik- und Demokratiebegriffs. Heute wird das demokratische Konzept der Bestellung, Kontrolle und Ablösung aller Machtträger auch auf die Träger nichtstaatlicher Macht ausgeweitet. Einem englischen Wörterbuch nach heißt Verfassung die politischen Grundprinzipen, die das Regierungssystem eines Staates unterliegen. Anders ausgedrückt: Eine Verfassung ist als das Regelungswerk für eine politische Gesellschaft zu betrachten.

Welche Verfassung soll für das Zusammenleben der in der Europäischen Union lebenden Menschen gelten? Die heute in dieser supranationalen Organisation wohnenden Menschen leben nach Regelwerken, die die Mitgliedstaaten und die Union selbst gegeben haben. Auf der staatlichen Ebene sind das die Verfassungen, auf der Unions-Ebene sind das die Verträge und die Rechtsordnung der EU. Die Verfassung der EU ergibt sich also aus der Summe der Regeln und Grundwerte, an die sich die Verantwortlichen verbindlich halten. Reichen Verträge und die Summe der Rechtsakte (und teilweise Gewohnheits-recht) bei einer immer enger werdenden politischen Gemeinschaft? Diese Frage beschäftigt Wissenschaftler, die interessierte Öffentlichkeit, Parlamentarier, Politiker, Ausschüsse, Konferenzen. Der überwiegende Teil dieser Öffentlichkeit verneint zu Recht, wie ich meine, diese Frage. Daher ist eine Verfassung als überwölbendes Dach für eine wirkliche Europäische Politische Union erforderlich. Diese Verfassungsurkunde muss rechtlich wie politisch legitimiert sein, sich an den Prinzipien von Demokratie und Rechtsstaat orientieren und Gründung, Aufbau, Zuständigkeiten, Politikbereiche, Funktionieren der Gewalten in der Union, Stellung der Mitgliedstaaten und ihrer Organe, Stellung des Bürgers, der Parteien, der Verbände, Gewerkschaften, Kirchen, sozialen Gemeinschaften gerecht werden. Sie muss nicht alles regeln, sondern das Subsidiaritätsprinzip beachten. Manche Bereiche können ganz sicherlich von den Mitgliedstaaten geregelt werden als von der Union. Die Verfassung muss diese Bereiche aber deutlich benennen. Zu beachten sind die unterschiedlichen Verfassungtraditionen der Mitgliedstaaten, ihre Institutionen, ihre Mentalitäten - vielleicht auch die Einsicht, dass man nicht alles durch Verfasstheit regeln kann. Ganz sicher müssen die gravierenden demokratischen Defizite der jetzt bestehenden Europäischen Union beseitigt werden: denn müsste diese bei sich in ihrer jetzigen Verfasstheit einen Aufnahmeantrag stellen, müsste dieser wegen undemokratischer Verfasstheit gemäß den selbst gesetzten Kriterien für die Aufnahme von neuen Mitgliedern abgelehnt werden.

Der Europäische Rat hat in seiner „Erklärung von Laeken zur Zukunft der Europäischen Union" beschlossen, einen Konvent einzuberufen. Dieser tagte vom Februar 2002 bis Juni 2003 und legte einen Verfassungsvorschlag vor. Die Arbeiten des Verfassungskonvents waren begleitet von Arbeitsgruppen und Arbeitskreisen, Gutachten, Memoranden, Stellungnahmen, Anfragen, Entwürfen zu Entwürfen. Mit dem vorliegenden Trierer Verfassungsentwurf formulieren Nachwuchskräfte aus dem Bereich der Politikwissenschaft einen engagierten Beitrag zu Verfassungsdiskussion, der nicht nur für eine supranationale Organisationsform gelten kann, sondern auch als Modell künftiger Verfassungsreformen im nationalen wie im europäischen Bereich Ausrichtung sein könnte.

Prof. Dr. Heiner Timmermann

Einführung

"Europa konkret" - unter dieses Leitmotiv ließe sich das Seminar stellen, aus dem der vorliegende Text hervorgegangen ist. Wir wollten mit diesem Seminar die Diskussion über die zukünftige Verfassung der Europäischen Union gewissermaßen unter die Leute bringen – in diesem Fall unter Studierende der Politikwissenschaft, der Jurisprudenz und der Volkswirtschaftslehre an der Universität Trier. Sie sollten dabei zum einen mit der politischen Mechanik und der inhaltlichen Substanz der Politikprozesse in der Europäischen Union vertraut gemacht werden; zum zweiten wollten wir den Seminar-Teilnehmern verdeutlichen, mit welchen gewichtigen politischen Weichenstellungen die Formulierung einer Verfassung für die Europäische Union verknüpft ist, und welche Konfliktlinien sich dabei abzeichnen. Schließlich sollten im Rahmen des Projektes auch eigene Denkanstöße und Zielsetzungen für die Zukunft der Europäischen Union entfaltet werden.

Dazu stellen wir die Seminar-Teilnehmer vor die Aufgabe, parallel zu den Arbeiten des Konvents und orientiert an den Rahmenvorgaben des Konventspräsidenten, [des ehemaligen französischen Staatschefs] Valérie Giscard d'Estaing, einen eigenen Verfassungsentwurf zur Europäischen Union auszuarbeiten. Die Vorgabe war dabei, dass sich der Text bei allem politischem Realitätssinn und Augenmass für das politisch Machbare doch auch an Zukunftsvisionen für die Europäische Union heranwagen sollte. Es ging also nicht darum, die Ergebnisse des Konvents zu prognostizieren, sondern sich – mit Mut auch zu weitreichenden Entwürfen – an Vorstellungen darüber zu orientieren, was in fünf bis zehn Jahren in der europäischen Integration politisch realisierbar, ja vielleicht sogar wünschenswert erscheinen könnte.

Das Ergebnis dieses Projektes ist die vorliegende Schrift. Sie präsentiert die Ergebnisse der intensiven und fruchtbaren Arbeits- und Diskussionsprozesse der Teilnehmer in der Form eines Verfassungsentwurfs und einer ausführlichen Kommentierung der einzelnen Abschnitte, die die hier vorgenommenen Lösungen begründen. Die Bedeutung dieses *Trierer Verfassungsentwurfs für die Europäische Union* sehen wir zum einen in der Ausformulierung einer kohärenten Zukunftsvision für die Europäische Union, die sich sehr dezidiert auf eine wertorientierte Vorstellung von Politik stützt. Bei der Ausgestaltung einer Verfassung für Europa, so der Grundgedanke, geht es darum, eine „gute politische Ordnung" zu verwirklichen. Zum anderen demonstriert dieser Entwurf, wie junge Europäer heute über die Zukunft der europäischen Integration nachdenken und wie sie sich für diese europäische Integration begeistern können. Und drittens schließlich mag dieser Verfassungsentwurf das Gespür dafür schärfen helfen, dass die Weiterentwicklung der Europäischen Union gerade unter der Perspektive ihrer Erweiterung auf 25 und mehr Mitglieder ohne den politischen Mut zu qualitativen Veränderungen nicht erreicht werden kann – eine Schlussfolgerung, die derzeit im Zusammenhang mit dem Krieg im Irak, seiner Vorgeschichte und seinen Folgen im Bereich der Gemeinsamen Europäischen Außen- und Sicherheitspolitik wieder einmal schmerzlich naheliegend geworden ist.

Man mag diesem Verfassungsentwurf ankreiden, dass er von einer Gruppe (überwiegend) deutscher Studierender formuliert wurde. Diese Verfassung für die Europäische Union trägt in der Tat nicht selten erkennbar deutsche Züge. Dies war den Teilnehmern durchaus bewusst, und sie haben sich damit auch in ihren Diskussionen intensiv auseinander gesetzt. Das Ergebnis dieser Überlegungen war, dass die föderale deutsche Verfassungsordnung sich in vieler Hinsicht wohl in der Tat als besonders geeignetes Modell für die Verfassung der Europäischen Union präsentiert. Denn auch und gerade die Europäische Union wird darauf angewiesen sein, Einheit in Vielfalt zu realisieren.

Wir hoffen, dass dieser *Trierer Entwurf für die Verfassung der Europäischen Union* nun breite Aufmerksamkeit finden und den Diskussionsprozess über die zukünftige Verfassungsordnung der europäischen Integration befruchten wird. Und wir möchten all denen danken, die an diesem Projekt und seiner Realisierung mitgewirkt haben. In erster Linie gilt dieser Dank natürlich den Studierenden, die diese Texte erarbeitet haben, so dann insbesondere der ASKO Europa-Stiftung und ihrem Geschäftsführer, Herrn Dr. Michael Meimeth, sowie der Europäischen Akademie in Otzenhausen und ihrem Direktor, Professor Heiner Timmermann.

Trier, den 27. Mai 2003

Prof. Dr. Hanns W. Maull und Romain Kirt

Zur Entstehung des Trierer Verfassungsentwurfs

Die Europäische Union steht vor großen Aufgaben und Veränderungen. Der Europäische Konvent erhielt im Dezember 2001 den Auftrag, unter Leitung von Valérie Giscard d'Estaing noch vor der nächsten großen Beitrittswelle das Vertragswerk der Union zu reformieren und die bisher ungeklärten Punkte der vorangegangenen Regierungskonferenzen aufzuarbeiten. Da diese sogenannten „leftovers" allesamt Fragen verfassungsrechtlichen Charakters besitzen, wurde inner- und außerhalb des Konvents bald der Ruf nach einer Verfassung für die Europäische Union laut. Grund genug für den Lehrstuhl für Internationale Beziehungen und Außenpolitik der Universität Trier, ein Seminar zu diesem äußerst spannenden und zugleich auch brisanten Thema anzubieten. Unter der versierten Leitung von Prof. Dr. Hanns W. Maull und Romain Kirt fanden sich ca. 30 Studierende zum Seminar „Von der Wirtschaftsgemeinschaft zur Föderation? Die Zukunfts- und Verfassungsdebatte der Europäischen Union" ein, dessen Ziel die Ausarbeitung eines Verfassungsentwurfs für die Europäische Union sein sollte.

Das Seminar gliederte sich in zwei Teile, wobei zunächst der Schwerpunkt der Veranstaltung darin lag, den Teilnehmern einen Überblick über die Fundamente der Verfassungsproblematik sowie politischer Ordnungen im Allgemeinen zu geben. Diese Erkenntnisse wurden dann auf den europäischen Integrationsprozess übertragen, um erste Schlussfolgerungen für die aktuelle Debatte um eine Europäische Verfassung zu gewinnen. Parallel dazu wurden von Arbeitsgruppen Entwürfe für Elemente einer europäischen Verfassung bearbeitet. Diese wurden dann im Rahmen eines Blockseminars zusammengeführt und zu einem integralen Verfassungstext ausgearbeitet.

Neben den wöchentlichen Sitzungen trafen sich die Teilnehmer in Arbeitsgruppen, um die einzelnen Teile des späteren Verfassungsentwurfs auszuarbeiten. Als Vorlage diente der erste Verfassungsentwurf des Europäischen Konvents, der zeitgleich mit der ersten Sitzung des Hauptseminars Ende Oktober 2002 von Valérie Giscard d'Estaing vorgelegt wurde. Dieses inhaltsleere Gerüst sollte mit Leben gefüllt werden. Die Arbeitsgruppen gliederten sich demnach in die Themenbereiche „Präambel, Ziele, Werte und Grundrechte", „Kompetenzen der EU", „Institutionengefüge", „Gemeinsame Außen-, Sicherheits- und Verteidigungspolitik" sowie „Wirtschafts- und Sozialordnung".

Ziel der Gruppenarbeit war es jedoch nicht, die Ergebnisse des Konvents im Kleinen zu reproduzieren. Vielmehr sollten innovative Ideen dem Verfassungsentwurf durchaus visionäre Züge verleihen. Es stellte sich schnell heraus, dass sich der Verfassungsentwurf eher in eine supranationale bzw. föderale Richtung entwickeln würde, anstatt bei dem teilweise intergouvernementalen und nicht vergemeinschafteten „Status quo" Europas zu verharren. Um die Glaubwürdigkeit des späteren integralen Verfassungsentwurfs allerdings nicht zu schwächen, sollte die Durchsetzbarkeit der Reformvorschläge nicht aus den Augen verloren werden.

Bereits im Verlauf des ersten Seminarteils traten immer wieder Diskussionspunkte auf, die die Arbeit zwischen den Gruppen beeinflussten. Den Studierenden wurde bewusst, dass nahezu jeder Teil oder Artikel der Verfassung direkt oder indirekt mit einem anderen verwoben ist. Nachdem die Arbeitsgruppen bereits wenige Tage vor der Blockveranstaltung in der Europäischen Akademie Otzenhausen ihre ersten Entwürfe zur Verfügung gestellt hatten, war es nun Ziel der Blockveranstaltung, die unterschiedlichen Perspektiven in zentralen Fragen auf einen Nenner zu bringen. Diskussionsbedarf bestand in vielerlei Hinsicht: Sollte Gott in der Präambel erwähnt werden? Wäre die Abschaffung des Europäischen Rates möglich und wünschenswert? Welche Rolle sollten die nationalen Streitkräfte einnehmen, wenn es eine Europäische Armee gibt? Wie national oder föderal soll die Europäische Union sein? Wie weit soll das Subsidiaritätsprinzip eingehalten werden? Soll es in der Europäische Union eher Mehrheits- oder Konsensentscheidungen geben? Und: Gibt es eine Europäische Identität?

Angesichts der teilweise sehr unterschiedlichen Ideen und heftigen Kontroversen war an gewissen Stellen der Rückgriff auf Abstimmungen und ein Mehrheitsvotum unumgänglich, um endlosen Diskussionen um Alternativen ein Ende zu setzen. Die Studierenden bekamen einen Eindruck davon, wie es in einem „richtigen" Ausschuss bzw. im Konvent zugehen kann. Änderungsanträge mussten auf direktem Wege in die Vorentwürfe eingearbeitet werden, weshalb dem offiziellen Ende des ersten Arbeitstages noch inoffizielle Teamtreffen folgten. Am zweiten Tag wurden dann abschließend die letzten Ergebnisse der Arbeitsgruppen sowie die geänderten Entwürfe vorgestellt. Das Hauptaugenmerk lag hier darauf, die Teilentwürfe in ein harmonisches Gesamtkonzept zu gießen. Nach dem Blockseminar ging es dann an den redaktionellen Feinschliff des integrierten Verfassungsentwurfes: Die Artikel wurden geordnet, sprachlich angepasst und weitestgehend „juristisch" überarbeitet. Auffällig war, dass die Redaktion auch an diesem Punkt immer wieder auf inhaltliche Ungereimtheiten stieß, die dann meist im Gespräch mit den Gruppen aufgeklärt und ausgeräumt wurden. Es wurde klar, wie komplex und gleichzeitig zusammenhängend ein Verfassungsentwurf sein kann. Später kamen dann die Kommentare zu den einzelnen Teilen und Artikeln aus den verschiedenen Arbeitsgruppen hinzu, die es abermals zu überarbeiten und anzupassen galt.

Abschließend lässt sich sagen, dass die Teilnahme an diesem Seminar für alle eine große Bereicherung darstellte. Zwar mussten die Studierenden ein gehöriges Maß an Zeit, Fleiß und Energie in das Projekt investieren, sind sich jedoch einig, dass sich die Mühe in jeder Hinsicht gelohnt hat. Neben der inhaltlichen Expertise, den subjektiven Erfahrungen von Gruppenarbeit und Blockseminar und dem außergewöhnlichen Engagement der Seminarleiter ist es das hier vorliegende Buch, das den Erfolg des Seminars greifbar macht.

Trier, im Mai 2003

Katharina Dahl	Christine Streichert
Björn Hermann	Veit Swoboda
David Sirakov	Thomas Zastrow

Arbeitsgruppen

Präambel, Grundrechte und Schlussbestimmungen

Katharina Dahl
Björn Hermann
Peter Ittenbach
Robert Scherf

Institutionen und Gesetzgebung der Europäischen Union

Bettina C. Dreher
Katrin Mette
Christine Normann
Rebecca Schaal
Kathrin Sowada

Kompetenzordnung und Finanzen der Europäischen Union

Sven Bingel
Simone Brandt
Wiebke Losekamp

Wirtschafts- und Sozialpolitik der Europäischen Union

Sascha Conrad
Hubert Schroif
Kay Spiegel
Charles Wirtz

Europäische Außen-, Sicherheits- und Verteidigungspolitik

Henning Bock
Mitra Moghadassian
Markus M. Nöhl
Michael Sander
David Sirakov
Thomas Zastrow

Redaktion
  Katharina Dahl
  Björn Hermann
  David Sirakov
  Christine Streichert
  Veit Swoboda
  Thomas Zastrow

Layout
  David Sirakov
  Thomas Zastrow

Trierer Verfassungsentwurf für die Europäische Union

Präambel

Wir, die Bürger Europas, schließen im Bewusstsein unserer Verantwortung vor Gott und den Menschen für den Frieden in Europa und der Welt diesen Vertrag untereinander.

Dieser Vertrag als Grundlage und Verfassung der Europäischen Union enthält die Regeln, die wir für ein Zusammenleben in Gemeinschaft für erforderlich halten, damit der Friede in einem lebendigen Europa erhalten und gefestigt wird. Wir sind zutiefst davon überzeugt, dass nur ein friedliches Zusammenleben der Staaten die Grundlage für die Zukunft Europas und seiner Nachbarn sein kann. Wir hoffen, dass dieser Friede als Vorbild dafür dienen kann, dass ein Zusammenleben von Menschen unterschiedlicher Sprache, Herkunft, Religion und Weltanschauung auch praktisch möglich ist.

Wir, die Völker Europas, teilen eine gemeinsame Geschichte, die über Jahrhunderte von Rivalität, Unverständnis und Konflikten geprägt war. Wir teilen aber auch seit ältesten Zeiten einen Raum der Kultur und des Geistes, der sich in vielfältigen Formen entwickelt hat. Diese Vielfalt der Völker und Kulturen war immer ein besonderes Merkmal Europas, die es zu bewahren und zu fördern gilt. Wir sind zugleich entschlossen, auf der Grundlage gemeinsamer Werte eine friedliche Zukunft zu teilen, indem wir uns zu einer immer engeren Union verbinden.

Wir, die Staaten Europas, haben nach dem Zweiten Weltkrieg begonnen zusammenzuarbeiten, damit die Auseinandersetzungen der vorherigen Jahrhunderte keinen Platz auf unserem Kontinent mehr haben sollten. Die Errichtung einer wirtschaftlichen Gemeinschaft war der erste Grundstein für eine weitere und vertiefte Gemeinschaft unter den Völkern und Staaten. Durch die Leistungen dieser Zusammenarbeit, die eine tiefe Verbundenheit der Staaten geschaffen haben, ist es uns gelungen, den Frieden in Europa zu bewahren und die Lebensqualität unserer Bürger zu heben. Auf der Grundlage dieser Erfolge, die wir durch Zusammenarbeit und Vertrauen seit der Gründung der Europäischen Gemeinschaften erreicht haben, sind wir von unseren Bürgern beauftragt worden, die folgende Verfassung zu beschließen.

Die Verfassung beruht auf den uns allen gemeinsamen Werten der Freiheit, der Gleichheit und der gegenseitigen Achtung voreinander. Die Grundsätze der Demokratie und der Rechtsstaatlichkeit sind die notwendigen und erforderlichen Voraussetzungen, um für alle Bürger einen Raum der Freiheit, der Sicherheit und des Rechts zu begründen. Dabei steht immer der einzelne Mensch mit seinem

Recht auf Würde und Leben im Mittelpunkt aller Betrachtungen und Handlungen.

Titel I: Definition und Ziele der Europäischen Union

Artikel 1 [Die Europäische Union]

(1) Wir, die Völker Europas, gründen aus freiem Entschluss, vertreten durch die Bevollmächtigten unserer Regierungen, die Europäische Union.

(2) Die Europäische Union besteht aus Staaten, Völkern und Bürgern Europas; diese bilden gemeinsam die Europäische Nation.

(3) Die Europäische Union zeichnet sich dadurch aus, dass die Mitgliedstaaten der Union in dieser Verfassung Befugnisse und Zuständigkeiten zuerkennen, indem sie ihr Hoheitsrechte übertragen. Im übrigen stimmen sich die Mitgliedstaaten unter der Wahrung ihrer nationalen Identität miteinander ab.

(4) Die Völker Europas tragen durch ihre kulturelle Vielfalt zur Entwicklung der Europäischen Union bei, indem sie durch geistigen Austausch für das gemeinsame Wohl sorgen.

(5) Die Bürger Europas sind die Träger der Europäischen Union, indem sie mit ihren Rechten und Pflichten stets im Mittelpunkt jeglichen Handelns stehen. Durch ihre Teilnahme und Teilhabe am Leben der Union prägen sie die Gestalt der Europäischen Union.

(6) Die Europäische Union steht allen europäischen Staaten offen, welche die in dieser Verfassung niedergelegten Werte teilen und bereit sind, die dadurch begründeten Verpflichtungen zu erfüllen. Europa bezeichnet die Idee des Friedens zwischen allen, die willens sind, in gegenseitiger Achtung und Respekt voreinander zu leben, ungeachtet der Unterschiede von Sprache, Herkunft, Religion oder Weltanschauung.

(7) Diese Verfassung regelt die Zusammenarbeit zwischen der Europäischen Union und den Mitgliedstaaten und die Beziehungen der Völker Europas untereinander.

Artikel 2 [Werte der Europäischen Union]

(1) Die Europäische Union beruht auf den Werten, welche die Mitgliedstaaten in den letzten Jahrhunderten als die grundlegenden Werte für ein Zusammenleben in Frieden und Freiheit anerkannt haben. Diese Werte sind vor allem:

1. die Würde eines jeden Menschen;
2. die unveräußerlichen Grund- und Menschenrechte;
3. die Toleranz und der Respekt gegenüber den Mitmenschen, die unsere gemeinsamen Werte beachten;
4. die demokratische Ordnung der Staatswesen;
5. die Grundsätze des Rechtsstaates;
6. die Solidarität;
7. die Gleichheit;
8. die Wahrung der nationalen und europäischen Identität;
9. die allgemeinen Regeln des Völkerrechts sowie die Einhaltung der durch Verträge eingegangenen Verpflichtungen.

(2) Diese Werte sind von der Europäischen Union, den Mitgliedstaaten und den Bürgern zu achten und zu schützen.

Artikel 3 [Ziele der Europäischen Union]

(1) Wir, die Staaten, Völker und Bürger Europas, haben uns zur Verwirklichung einer immer engeren Zusammenarbeit in Europa folgende Aufgaben und Ziele gesetzt,

1. die Schaffung und Bewahrung des Friedens in Europa;
2. die Bewahrung und der Schutz der gemeinsamen Werte;
3. die Förderung der Interessen der Europäischen Union;
4. die Bewahrung der Unabhängigkeit und die Behauptung der Identität der Europäischen Union auf internationaler Ebene, insbesondere durch eine gemeinsame Europäische Außen-, Sicherheits- und Verteidigungspolitik;
5. die weitere Förderung des wirtschaftlichen und sozialen Fortschritts und Zusammenhalts innerhalb der Europäischen Union, um eine harmonische Entwicklung der Gemeinschaft als Ganzes zu gewährleisten;
6. die Weiterentwicklung der Wirtschafts- und Währungsunion und den Ausbau des Raumes ohne Binnengrenzen;
7. den Schutz der Rechte und Interessen der Bürger der Europäischen Union im In- und Ausland;
8. die Schaffung eines hohen Maßes an sozialem Schutz und die Herbeiführung eines hohen Bildungs- und Beschäftigungsniveaus sowie die

Erhaltung und Weiterentwicklung der Europäischen Union als Raum der Freiheit, der Sicherheit und des Rechts;
9. die Schaffung eines hohen Maßes an Umweltschutz sowie die Herbeiführung einer ausgewogenen und nachhaltigen Entwicklung;
10. die Förderung des technischen und wissenschaftlichen Fortschritts;
11. die Wahrung und Weiterentwicklung des gemeinschaftlichen Besitzstandes sowie die Verwirklichung und Weiterentwicklung der europäischen Integration unter Beachtung der Interessen der Mitgliedstaaten und des Subsidiaritätsprinzips.

(2) Diese Ziele sind nach Maßgabe dieser Verfassung entsprechend des Gedankens der Subsidiarität von der Europäischen Union und den Mitgliedstaaten umzusetzen.

Artikel 4 [Rechtspersönlichkeit]

(1) Die Europäische Union besitzt eigene Rechtspersönlichkeit.

(2) Die Rechtspersönlichkeit beinhaltet, dass die Europäische Union in jedem Mitgliedstaat die weitest gehende Rechts- und Geschäftsfähigkeit besitzt, die juristischen Personen nach den jeweiligen Rechtsvorschriften zuerkannt wird; sie kann insbesondere bewegliches und unbewegliches Vermögen erwerben und veräußern sowie vor Gericht stehen. Zu diesem Zweck wird sie von der Kommission vertreten.

(3) Die Mitgliedstaaten erkennen die Europäische Union als Völkerrechtssubjekt an. Sie kann damit nach Maßgabe der Regeln des Völkerrechts tätig werden. Dies beinhaltet insbesondere das Aushandeln und den Abschluss von Verträgen mit anderen Völkerrechtssubjekten und Internationalen Organisationen. Sie kann auch schon bestehenden Verträgen beitreten.

(4) Die Europäische Union ist die Rechtsnachfolgerin der Europäischen Gemeinschaften in allen Abkommen und Verträgen, die diese Gemeinschaften geschlossen haben oder denen sie beigetreten sind.

Titel II: Unionsbürgerschaft und Grundrechte

Artikel 5 [Unionsbürgerschaft]

(1) Unionsbürger ist, wer die Staatsangehörigkeit eines Mitgliedstaates besitzt. Die Unionsbürgerschaft ergänzt die nationale Staatsbürgerschaft, ersetzt sie aber nicht.

(2) Die Unionsbürger haben die in dieser Verfassung vorgesehenen Rechte und Pflichten, insbesondere die nachfolgend aufgeführten Grundrechte.

Artikel 6 [Die Geltung der Grundrechte]

(1) Wir, die Staaten, Völker und Bürger Europas, erkennen die nachfolgenden Rechte, Freiheiten und Grundsätze an. Sie binden die Einrichtungen und Institutionen der Europäischen Union bei der Durchführung des Rechts der Europäischen Union. Sie binden ebenfalls die Mitgliedstaaten, wenn sie in Ausführung von Unionsrecht tätig werden. Sie begründen keine neuen Zuständigkeiten für Institutionen und Einrichtungen der Europäischen Union.

(2) Die Grundrechte begründen keine Klagemöglichkeit gegen nationalstaatliches Handeln, sofern in den nationalen Rechtsordnungen dies nicht ausdrücklich vorgesehen ist. Die Mitgliedstaaten sind verpflichtet, die Geltung der Grundrechte schrittweise bis 2020 auf ihre nationalen Rechtsordnungen auszudehnen.

Kapitel I. Würde des Menschen

Artikel 7 [Würde des Menschen]

Die Würde des Menschen ist unantastbar. Sie ist zu achten und zu schützen.

Artikel 8 [Recht auf Leben]

(1) Jede Person hat das Recht auf Leben.

(2) Niemand darf zur Todesstrafe verurteilt oder hingerichtet werden.

Artikel 9 [Recht auf Unversehrtheit]

(1) Jede Person hat das Recht auf körperliche und geistige Unversehrtheit.

(2) Im Rahmen der Medizin und der Biologie muss insbesondere Folgendes beachtet werden:

1. die freie Einwilligung der betroffenen Person nach vorheriger Aufklärung entsprechend den gesetzlich festgelegten Modalitäten;
2. das Verbot eugenischer Praktiken, insbesondere derjenigen, welche die Selektion von Personen zum Ziel haben;
3. das Verbot, den menschlichen Körper und Teile davon als solche zur Erzielung von Gewinnen zu nutzen;
4. das Verbot des reproduktiven sowie des therapeutischen Klonens von Menschen.

Artikel 10 [Verbot der Folter und unmenschlicher und erniedrigender Strafe oder Behandlung]

Niemand darf der Folter oder unmenschlicher oder erniedrigender Strafe oder Behandlung unterworfen werden.

Artikel 11 [Verbot der Sklaverei und der Zwangsarbeit]

(1) Niemand darf in Sklaverei oder Leibeigenschaft gehalten werden.

(2) Niemand darf gezwungen werden, Zwangs- oder Pflichtarbeit zu verrichten.

(3) Menschenhandel ist verboten.

Kapitel II. Freiheiten

Artikel 12 [Recht auf Freiheit und Sicherheit]

Jede Person hat das Recht auf Freiheit und Sicherheit.

Artikel 13 [Achtung des Privat- und Familienlebens]

Jede Person hat das Recht auf Achtung ihres Privat- und Familienlebens, ihrer Wohnung sowie ihrer Kommunikation.

Artikel 14 [Schutz personenbezogener Daten]

(1) Jede Person hat das Recht auf Schutz der sie betreffenden personenbezogenen Daten.

(2) Diese Daten dürfen nur nach Treu und Glauben für festgelegte Zwecke und mit Einwilligung der betroffenen Person oder auf einer sonstigen gesetzlich geregelten legitimen Grundlage verarbeitet werden. Jede Person hat das Recht, Auskunft über die sie betreffenden erhobenen Daten zu erhalten und die Berichtigung der Daten zu erwirken.

(3) Die Einhaltung dieser Vorschriften wird von einer unabhängigen Stelle überwacht.

Artikel 15 [Recht, eine Ehe einzugehen und eine Familie zu gründen]

Das Recht, eine Ehe einzugehen, und das Recht, eine Familie zu gründen, werden nach den einzelstaatlichen Gesetzen gewährleistet, welche die Ausübung dieser Rechte regeln.

Artikel 16 [Gedanken-, Gewissens- und Religionsfreiheit]

(1) Jede Person hat das Recht auf Gedanken-, Gewissens- und Religionsfreiheit. Dieses Recht umfasst die Freiheit, seine Religion oder Weltanschauung zu wechseln, und die Freiheit, seine Religion oder Weltanschauung einzeln oder gemeinsam mit anderen öffentlich oder privat durch Gottesdienst, Unterricht, Bräuche und Riten zu bekennen.

(2) Das Recht auf Wehrdienstverweigerung aus Gewissensgründen wird nach den einzelstaatlichen Gesetzen anerkannt, welche die Ausübung dieses Rechts regeln.

Artikel 17 [Freiheit der Meinungsäußerung und Informationsfreiheit]

(1) Jede Person hat das Recht auf freie Meinungsäußerung. Dieses Recht schließt die Meinungsfreiheit und die Freiheit ein, Informationen und Ideen ohne behördliche Eingriffe und ohne Rücksicht auf Staatsgrenzen zu empfangen und weiterzugeben.

(2) Die Freiheit der Medien und ihre Pluralität werden geachtet.

Artikel 18 [Versammlungs- und Vereinigungsfreiheit]

(1) Jede Person hat das Recht, sich insbesondere im politischen, gewerkschaftlichen und zivilgesellschaftlichen Bereich auf allen Ebenen frei und friedlich mit anderen zu versammeln und frei mit anderen zusammenzuschließen, was das Recht jeder Person umfasst, zum Schutz ihrer Interessen Gewerkschaften zu gründen und Gewerkschaften beizutreten.

(2) Politische Parteien im Sinn von Artikel 96 tragen auf der Ebene der Europäischen Union dazu bei, den politischen Willen der Unionsbürgerinnen und Unionsbürger zum Ausdruck zu bringen.

Artikel 19 [Freiheit von Kunst und Wissenschaft]

Kunst und Forschung sind frei. Die akademische Freiheit wird geachtet.

Artikel 20 [Recht auf Bildung]

(1) Jede Person hat das Recht auf Bildung sowie auf Zugang zur beruflichen Ausbildung und Weiterbildung.

(2) Dieses Recht umfasst die Möglichkeit, unentgeltlich am Pflichtschulunterricht teilzunehmen.

(3) Die Freiheit zur Gründung von Lehranstalten unter Achtung der demokratischen Grundsätze sowie das Recht der Eltern, die Erziehung und den Unterricht ihrer Kinder entsprechend ihren eigenen religiösen, weltanschaulichen und erzieherischen Überzeugungen sicherzustellen, werden nach den einzelstaatlichen Gesetzen geachtet, welche ihre Ausübung regeln.

Artikel 21 [Berufsfreiheit und Recht zu arbeiten]

(1) Jede Person hat das Recht, zu arbeiten und einen frei gewählten oder angenommenen Beruf auszuüben.

(2) Alle Unionsbürgerinnen und Unionsbürger haben die Freiheit, in jedem Mitgliedstaat Arbeit zu suchen, zu arbeiten, sich niederzulassen oder Dienstleistungen zu erbringen.

(3) Die Staatsangehörigen dritter Länder, die im Hoheitsgebiet der Mitgliedstaaten arbeiten dürfen, haben Anspruch auf Arbeitsbedingungen, die denen der Unionsbürgerinnen und Unionsbürger entsprechen.

Artikel 22 [Unternehmerische Freiheit]

Die unternehmerische Freiheit wird nach dem Recht der Europäischen Union und den einzelstaatlichen Rechtsvorschriften und Gepflogenheiten anerkannt.

Artikel 23 [Eigentumsrecht]

(1) Jede Person hat das Recht, ihr rechtmäßig erworbenes Eigentum zu besitzen, zu nutzen, darüber zu verfügen und es zu vererben. Niemandem darf sein Eigen-

tum entzogen werden, es sei denn aus Gründen des öffentlichen Interesses in den Fällen und unter den Bedingungen, die in einem Gesetz vorgesehen sind, sowie gegen eine rechtzeitige angemessene Entschädigung für den Verlust des Eigentums. Die Nutzung des Eigentums kann gesetzlich geregelt werden, soweit dies für das Wohl der Allgemeinheit erforderlich ist.

(2) Geistiges Eigentum wird geschützt.

Artikel 24 [Asylrecht]

Das Recht auf Asyl wird nach Maßgabe des Genfer Abkommens vom 28. Juli 1951 und des Protokolls vom 31. Januar 1967 über die Rechtsstellung der Flüchtlinge sowie gemäß dem Vertrag zur Gründung der Europäischen Gemeinschaft gewährleistet.

Artikel 25 [Schutz bei Abschiebung, Ausweisung und Auslieferung]

(1) Kollektivausweisungen sind nicht zulässig.

(2) Niemand darf in einen Staat abgeschoben oder ausgewiesen oder an einen Staat ausgeliefert werden, in dem für sie oder ihn das ernsthafte Risiko der Todesstrafe, der Folter oder einer anderen unmenschlichen oder erniedrigenden Strafe oder Behandlung besteht.

Kapitel III. Gleichheit

Artikel 26 [Gleichheit vor dem Gesetz]

Alle Personen sind vor dem Gesetz gleich.

Artikel 27 [Nichtdiskriminierung]

(1) Diskriminierungen, insbesondere wegen des Geschlechts, der Rasse, der Hautfarbe, der ethnischen oder sozialen Herkunft, der genetischen Merkmale, der Sprache, der Religion oder der Weltanschauung, der politischen oder sonstigen Anschauung, der Zugehörigkeit zu einer nationalen Minderheit, des Vermögens, der Geburt, einer Behinderung, des Alters oder der sexuellen Ausrichtung, sind verboten.

(2) Im Anwendungsbereich dieser Verfassung ist überdies jede Diskriminierung aus Gründen der Staatsangehörigkeit verboten.

Artikel 28 [Vielfalt der Kulturen, Religionen und Sprachen]

Die Europäische Union achtet die Vielfalt der Kulturen, Religionen und Sprachen.

Artikel 29 [Gleichheit von Männern und Frauen]

Die Gleichheit von Männern und Frauen ist in allen Bereichen, einschließlich der Beschäftigung, der Arbeit und des Arbeitsentgelts, sicherzustellen. Der Grundsatz der Gleichheit steht der Beibehaltung oder der Einführung spezifischer Vergünstigungen für das unterrepräsentierte Geschlecht nicht entgegen.

Artikel 30 [Rechte des Kindes]

(1) Kinder haben Anspruch auf den Schutz und die Fürsorge, die für ihr Wohlergehen notwendig sind. Sie können ihre Meinung frei äußern. Ihre Meinung wird in den Angelegenheiten, die sie betreffen, in einer ihrem Alter und ihrem Reifegrad entsprechenden Weise berücksichtigt.

(2) Bei allen Kinder betreffenden Maßnahmen öffentlicher oder privater Einrichtungen muss das Wohl des Kindes eine vorrangige Erwägung sein.

(3) Jedes Kind hat Anspruch auf regelmäßige persönliche Beziehungen und direkte Kontakte zu beiden Elternteilen, es sei denn, dies steht seinem Wohl entgegen.

Artikel 31 [Rechte älterer Menschen]

Die Europäische Union anerkennt und achtet das Recht älterer Menschen auf ein würdiges und unabhängiges Leben und auf Teilnahme am sozialen und kulturellen Leben.

Artikel 32 [Integration von Menschen mit Behinderung]

Die Europäische Union anerkennt und achtet den Anspruch von Menschen mit Behinderung auf Maßnahmen zur Gewährleistung ihrer Eigenständigkeit, ihrer sozialen und beruflichen Eingliederung und ihrer Teilnahme am Leben der Gemeinschaft.

Kapitel IV. Solidarität

Artikel 33 [Recht auf Unterrichtung und Anhörung der Arbeitnehmerinnen und Arbeitnehmer im Unternehmen]

Für die Arbeitnehmerinnen und Arbeitnehmer oder ihre Vertreter muss auf den geeigneten Ebenen eine rechtzeitige Unterrichtung und Anhörung in den Fällen und unter den Voraussetzungen gewährleistet sein, die nach dem Recht der Europäischen Union und den einzelstaatlichen Rechtsvorschriften und Gepflogenheiten vorgesehen sind.

Artikel 34 [Recht auf Kollektivverhandlungen und Kollektivmaßnahmen]

Die Arbeitnehmerinnen und Arbeitnehmer sowie die Arbeitgeberinnen und Arbeitgeber oder ihre jeweiligen Organisationen haben nach dem Recht der Europäischen Union und den einzelstaatlichen Rechtsvorschriften und Gepflogenheiten das Recht, Tarifverträge auf den geeigneten Ebenen auszuhandeln und zu schließen sowie bei Interessenkonflikten kollektive Maßnahmen zur Verteidigung ihrer Interessen, einschließlich Streiks, zu ergreifen.

Artikel 35 [Recht auf Zugang zu einem Arbeitsvermittlungsdienst]

Jede Person hat das Recht auf Zugang zu einem unentgeltlichen Arbeitsvermittlungsdienst.

Artikel 36 [Schutz bei ungerechtfertigter Entlassung]

Jede Arbeitnehmerin und jeder Arbeitnehmer hat nach dem Recht der Europäischen Union und den einzelstaatlichen Rechtsvorschriften und Gepflogenheiten Anspruch auf Schutz vor ungerechtfertigter Entlassung.

Artikel 37 [Gerechte und angemessene Arbeitsbedingungen]

(1) Jede Arbeitnehmerin und jeder Arbeitnehmer hat das Recht auf gesunde, sichere und würdige Arbeitsbedingungen.

(2) Jede Arbeitnehmerin und jeder Arbeitnehmer hat das Recht auf eine Begrenzung der Höchstarbeitszeit, auf tägliche und wöchentliche Ruhezeiten sowie auf bezahlten Jahresurlaub.

Artikel 38 [Verbot der Kinderarbeit und Schutz der Jugendlichen am Arbeitsplatz]

(1) Kinderarbeit ist verboten. Unbeschadet günstigerer Vorschriften für Jugendliche und abgesehen von begrenzten Ausnahmen darf das Mindestalter für den Eintritt in das Arbeitsleben das Alter, in dem die Schulpflicht endet, nicht unterschreiten.

(2) Zur Arbeit zugelassene Jugendliche müssen ihrem Alter angepasste Arbeitsbedingungen erhalten und vor wirtschaftlicher Ausbeutung und vor jeder Arbeit geschützt werden, die ihre Sicherheit, ihre Gesundheit, ihre körperliche, geistige, sittliche oder soziale Entwicklung beeinträchtigen oder ihre Erziehung gefährden könnte.

Artikel 39 [Familien- und Berufsleben]

(1) Der rechtliche, wirtschaftliche und soziale Schutz der Familie wird gewährleistet.

(2) Um Familien- und Berufsleben miteinander in Einklang bringen zu können, hat jede Person das Recht auf Schutz vor Entlassung aus einem mit der Mutterschaft zusammenhängenden Grund sowie den Anspruch auf einen bezahlten Mutterschaftsurlaub und auf einen Elternurlaub nach der Geburt oder Adoption eines Kindes.

Artikel 40 [Soziale Sicherheit und Soziale Unterstützung]

(1) Die Europäische Union anerkennt und achtet das Recht auf Zugang zu den Leistungen der sozialen Sicherheit und zu den sozialen Diensten, die in Fällen wie Mutterschaft, Krankheit, Arbeitsunfall, Pflegebedürftigkeit oder im Alter sowie bei Verlust des Arbeitsplatzes Schutz gewährleisten, nach Maßgabe des Recht der Europäischen Union und der einzelstaatlichen Rechtsvorschriften und Gepflogenheiten.

(2) Jede Person, die in der Europäischen Union ihren rechtmäßigen Wohnsitz hat und ihren Aufenthalt rechtmäßig wechselt, hat Anspruch auf die Leistungen der sozialen Sicherheit und die sozialen Vergünstigungen nach dem Recht der Europäischen Union und den einzelstaatlichen Rechtsvorschriften und Gepflogenheiten.

(3) Um die soziale Ausgrenzung und die Armut zu bekämpfen, anerkennt und achtet die Europäische Union das Recht auf eine soziale Unterstützung und eine Unterstützung für die Wohnung, die allen, die nicht über ausreichende Mittel

verfügen, ein menschenwürdiges Dasein sicherstellen sollen, nach Maßgabe des Rechts der Europäischen Union und der einzelstaatlichen Rechtsvorschriften und Gepflogenheiten.

Artikel 41 [Gesundheitsschutz]

Jede Person hat das Recht auf Zugang zur Gesundheitsvorsorge und auf ärztliche Versorgung nach Maßgabe der einzelstaatlichen Rechtsvorschriften und Gepflogenheiten. Bei der Festlegung und Durchführung aller Politiken und Maßnahmen der Europäischen Union wird ein hohes Gesundheitsschutzniveau sichergestellt.

Artikel 42 [Zugang zu Dienstleistungen von allgemeinem wirtschaftlichen Interesse]

Die Europäische Union anerkennt und achtet den Zugang zu Dienstleistungen von allgemeinem wirtschaftlichen Interesse, wie er durch die einzelstaatlichen Rechtsvorschriften und Gepflogenheiten im Einklang mit dieser Verfassung geregelt ist, um den sozialen und territorialen Zusammenhalt der Europäischen Union zu fördern.

Artikel 43 [Umweltschutz]

Ein hohes Umweltschutzniveau und die Verbesserung der Umweltqualität müssen in die Politiken der Europäischen Union einbezogen und nach dem Grundsatz der nachhaltigen Entwicklung sichergestellt werden.

Artikel 44 [Verbraucherschutz]

Die Politiken der Europäischen Union stellen ein hohes Verbraucherschutzniveau sicher.

Kapitel V. Bürgerrechte

Artikel 45 [Aktives und passives Wahlrecht bei den Wahlen zum Europäischen Parlament]

(1) Die Unionsbürgerinnen und Unionsbürger besitzen in dem Mitgliedstaat, in dem sie ihren Wohnsitz haben, das aktive und passive Wahlrecht bei den Wahlen zum Europäischen Parlament, wobei für sie dieselben Bedingungen gelten wie für die Angehörigen des betreffenden Mitgliedstaats.

(2) Die Mitglieder des Europäischen Parlaments werden in allgemeiner, unmittelbarer, freier und geheimer Wahl gewählt.

Artikel 46 [Aktives und passives Wahlrecht bei Kommunalwahlen]

Die Unionsbürgerinnen und Unionsbürger besitzen in dem Mitgliedstaat, in dem sie ihren Wohnsitz haben, das aktive und passive Wahlrecht bei Kommunalwahlen, wobei für sie dieselben Bedingungen gelten wie für die Angehörigen des betreffenden Mitgliedstaats.

Artikel 47 [Recht auf eine gute Verwaltung]

(1) Jede Person hat ein Recht darauf, dass ihre Angelegenheiten von den Institutionen und Einrichtungen der Europäischen Union unparteiisch, gerecht und innerhalb einer angemessenen Frist behandelt werden.

(2) Dieses Recht umfasst insbesondere
1. das Recht einer jeden Person, gehört zu werden, bevor ihr gegenüber eine für sie nachteilige individuelle Maßnahme getroffen wird;
2. das Recht einer jeden Person auf Zugang zu den sie betreffenden Akten unter Wahrung des legitimen Interesses der Vertraulichkeit sowie des Berufs- und Geschäftsgeheimnisses;
3. die Verpflichtung der Verwaltung, ihre Entscheidungen zu begründen.

(3) Jede Person hat Anspruch darauf, dass die Europäische Union den durch ihre Institutionen oder Bediensteten in Ausübung ihrer Amtstätigkeit verursachten Schaden nach den allgemeinen Rechtsgrundsätzen ersetzt, die den Rechtsordnungen der Mitgliedstaaten gemeinsam sind.

(4) Jede Person kann sich in einer der Arbeitssprachen der Verträge an die Institutionen der Europäischen Union wenden und muss eine Antwort in derselben Sprache erhalten.

Artikel 48 [Recht auf Zugang zu Dokumenten]

Die Unionsbürgerinnen und Unionsbürger sowie jede natürliche oder juristische Person mit Wohnsitz oder satzungsmäßigem Sitz in einem Mitgliedstaat haben das Recht auf Zugang zu den Dokumenten des Europäischen Parlaments, des Rates und der Kommission.

Artikel 49 [Der Bürgerbeauftragte]

Die Unionsbürgerinnen und Unionsbürger sowie jede natürliche oder juristische Person mit Wohnsitz oder satzungsmäßigem Sitz in einem Mitgliedstaat haben das Recht, die vom Europäischen Parlament nach Artikel 94 gewählten Bürgerbeauftragten der Europäischen Union im Fall von Missständen bei der Tätigkeit der Institutionen und Einrichtungen der Europäischen Union, mit Ausnahme des Gerichtshofs und des Gerichts erster Instanz in Ausübung ihrer Rechtsprechungsbefugnisse, zu befassen.

Artikel 50 [Petitionsrecht und Bürgerbeauftragte]

(1) Die Unionsbürgerinnen und Unionsbürger sowie jede natürliche oder juristische Person mit Wohnsitz oder satzungsmäßigem Sitz in einem Mitgliedstaat haben nach Maßgabe des Artikels 93 das Recht, eine Petition an das Europäische Parlament zu richten.

Artikel 51 [Freizügigkeit und Aufenthaltsfreiheit]

(1) Die Unionsbürgerinnen und Unionsbürger haben das Recht, sich im Hoheitsgebiet der Mitgliedstaaten frei zu bewegen und aufzuhalten.

(2) Staatsangehörigen dritter Länder, die sich rechtmäßig im Hoheitsgebiet eines Mitgliedstaats aufhalten, kann gemäß dem Recht der Europäischen Union Freizügigkeit und Aufenthaltsfreiheit gewährt werden.

Artikel 52 [Diplomatischer und konsularischer Schutz]

Die Unionsbürgerinnen und Unionsbürger genießen im Hoheitsgebiet eines Drittlandes, in dem der Mitgliedstaat, dessen Staatsangehörigkeit sie besitzen, nicht vertreten ist, den Schutz der diplomatischen und konsularischen Stellen eines jeden Mitgliedstaats unter denselben Bedingungen wie Staatsangehörige dieses Staates. Darüber hinaus steht ihnen der Schutz durch alle auswärtigen Vertretungen der Europäischen Union zu.

Kapitel VI. Justizielle Rechte

Artikel 53 [Recht auf einen wirksamen Rechtsbehelf und ein unparteiisches Gericht]

(1) Jede Person, deren durch das Recht der Europäischen Union garantierte Rechte oder Freiheiten verletzt worden sind, hat das Recht, nach Maßgabe der in

diesem Artikel vorgesehenen Bedingungen bei einem Gericht einen wirksamen Rechtsbehelf einzulegen.

(2) Jede Person hat ein Recht darauf, dass ihre Sache von einem unabhängigen, unparteiischen und zuvor durch Gesetz errichteten Gericht in einem fairen Verfahren, öffentlich und innerhalb angemessener Frist verhandelt wird. Jede Person kann sich beraten, verteidigen und vertreten lassen.

(3) Personen, die nicht über ausreichende Mittel verfügen, wird Prozesskostenhilfe bewilligt, soweit diese Hilfe erforderlich ist, um den Zugang zu den Gerichten wirksam zu gewährleisten.

Artikel 54 [Unschuldsvermutung und Verteidigungsrechte]

(1) Jede angeklagte Person gilt bis zum rechtsförmlich erbrachten Beweis ihrer Schuld als unschuldig.

(2) Jeder angeklagten Person wird die Achtung der Verteidigungsrechte gewährleistet.

Artikel 55 [Grundsätze der Gesetzmäßigkeit und der Verhältnismäßigkeit im Zusammenhang mit Straftaten und Strafen]

(1) Niemand darf wegen einer Handlung oder Unterlassung verurteilt werden, die zur Zeit ihrer Begehung nach innerstaatlichem oder internationalem Recht nicht strafbar war. Es darf auch keine schwerere Strafe als die zur Zeit der Begehung angedrohte Strafe verhängt werden. Wird nach Begehung einer Straftat durch Gesetz eine mildere Strafe eingeführt, so ist diese zu verhängen.

(2) Dieser Artikel schließt nicht aus, dass eine Person wegen einer Handlung oder Unterlassung verurteilt oder bestraft wird, die zur Zeit ihrer Begehung nach den allgemeinen, von der Gesamtheit der Nationen anerkannten Grundsätzen strafbar war.

(3) Das Strafmaß darf gegenüber der Straftat nicht unverhältnismäßig sein.

Artikel 56 [Recht, wegen derselben Straftat nicht zweimal strafrechtlich verfolgt oder bestraft zu werden]

Niemand darf wegen einer Straftat, derentwegen er bereits in der Europäischen Union nach dem Gesetz rechtskräftig verurteilt oder freigesprochen worden ist, in einem Strafverfahren erneut verfolgt oder bestraft werden.

Kapitel VII. Tragweite, Schutzniveau und Missbrauch der Grundrechte

Artikel 57 [Tragweite der garantierten Rechte]

(1) Jede Einschränkung der Ausübung der in dieser Verfassung anerkannten Rechte und Freiheiten muss gesetzlich vorgesehen sein und den Wesensgehalt dieser Rechte und Freiheiten achten. Unter Wahrung des Grundsatzes der Verhältnismäßigkeit dürfen Einschränkungen nur vorgenommen werden, wenn sie notwendig sind und den von der Europäischen Union anerkannten dem Gemeinwohl dienenden Zielsetzungen oder den Erfordernissen des Schutzes der Rechte und Freiheiten anderer tatsächlich entsprechen.

(2) Die Ausübung der anerkannten Rechte erfolgt im Rahmen der darin festgelegten Bedingungen und Grenzen.

(3) Soweit diese Verfassung Grundrechte enthält, die den durch die Europäische Konvention zum Schutze der Menschenrechte und Grundfreiheiten garantierten Rechten entsprechen, haben sie die gleiche Bedeutung und Tragweite, wie sie ihnen in der genannten Konvention verliehen wird. Diese Bestimmung steht dem nicht entgegen, dass das Recht der Europäischen Union einen weiter gehenden Schutz gewährt.

Artikel 58 [Schutzniveau]

Keines dieser Grundrechte ist als eine Einschränkung oder Verletzung der Menschenrechte und Grundfreiheiten auszulegen, die in dem jeweiligen Anwendungsbereich durch das Recht der Europäischen Union und das Völkerrecht sowie durch die internationalen Übereinkommen, bei denen die Europäischen Union oder alle Mitgliedstaaten Vertragsparteien sind, darunter insbesondere die Europäische Konvention zum Schutze der Menschenrechte und Grundfreiheiten, sowie durch die Verfassungen der Mitgliedstaaten anerkannt werden.

Artikel 59 [Verbot des Missbrauchs der Rechte]

Keines dieser Grundrechte ist so auszulegen, als begründe es das Recht, eine Tätigkeit auszuüben oder eine Handlung vorzunehmen, die darauf abzielt, die hier anerkannten Rechte und Freiheiten abzuschaffen oder sie stärker einzuschränken, als dies in dieser Verfassung vorgesehen ist.

Titel III: Die Institutionen der Europäischen Union

Artikel 60 [Kohärenz; Institutionen; Zusammenarbeit]

(1) Die Europäische Union besitzt einen einheitlichen institutionellen Rahmen. Dieser sichert die Kohärenz und die Kontinuität der Politiken und Maßnahmen zur Erreichung der Ziele der Europäischen Union, sowohl in den Bereichen, in denen die Zuständigkeit vollständig oder in Teilen der Europäischen Union zugewiesen wurde, als auch in den Bereichen, in denen die Zuständigkeit bei den Mitgliedstaaten liegt.

Die Institutionen der Europäischen Union sind:
 das Europäische Parlament;
 die Europäische Staatenkammer;
 die Europäische Kommission;
 der Europäischer Rat;
 der Europäischer Gerichtshof;
 der Europäische Rechnungshof;
 die Europäische Zentralbank;
 der Ausschuss der Regionen.

(2) Die Institutionen der Europäischen Union werden im Rahmen der ihnen in dieser Verfassung zugewiesenen Zuständigkeiten und nach Maßgabe der für die einzelnen Bereiche vorgesehenen Verfahren, Bedingungen und Zwecke tätig. Sie verpflichten sich, sowohl eine transparente und effiziente Verwaltung sicherzustellen, als auch die Zusammenarbeit zu fördern.

Artikel 61 [Europäisches Parlament]

(1) Das Europäische Parlament ist die Vertretung der Bürgerinnen und Bürger der Europäischen Union.

(2) Die Mitglieder des Europäischen Parlaments werden in allgemeiner, unmittelbarer, freier und geheimer Wahl nach einem einheitlichen Verfahren für die Dauer von fünf Jahren gewählt. Die Vergabe der Sitze bestimmt sich nach Artikel 95.

(3) Das Europäische Parlament wählt aus seiner Mitte seinen Präsidenten und sein Präsidium.

Artikel 62 [Befugnisse des Europäischen Parlaments]

(1) Das Europäische Parlament bildet zusammen mit der Europäischen Staatenkammer die Legislative der Europäischen Union.

(2) Das Europäische Parlament und die Europäische Staatenkammer verabschieden mit jeweils absoluter Mehrheit den von der Kommission erstellten Haushalt der Europäischen Union. Wenn in der Staatenkammer keine absolute Mehrheit zustande kommt, gelten die Regelungen in Artikel 87 Absatz 4 und Absatz 5.

(3) Der Präsident der Kommission wird vom Europäischen Parlament vorgeschlagen und mit der jeweils absoluten Mehrheit der Mitglieder des Europäischen Parlaments und der Europäischen Staatenkammer gewählt.

(4) Das Europäische Parlament kann Untersuchungsausschüsse einsetzen. Das Nähere regelt die Geschäftsordnung des Parlaments

Artikel 63 [Misstrauensantrag]

Das Europäische Parlament kontrolliert die Europäische Kommission. Das Parlament kann der Kommission im Falle missbräuchlicher Amtsführung das Misstrauen aussprechen. Wird der Misstrauensantrag von der absoluten Mehrheit der Parlamentsabgeordneten angenommen, so ist die Kommission geschlossen zum Rücktritt verpflichtet. Das Parlament muss in diesem Fall zusammen mit der Europäischen Staatenkammer binnen drei Wochen einen neuen Präsidenten der Kommission wählen. Die Amtszeit der nach einem Misstrauensvotum eingesetzten neuen Kommission endet zu dem Zeitpunkt, zu dem die Amtszeit der geschlossen zur Amtsniederlegung verpflichteten Kommission geendet hätte. Das Nähere regelt die Geschäftsordnung des Europäischen Parlaments.

Artikel 64 [Europäische Staatenkammer]

(1) In der Europäischen Staatenkammer ist jeder Mitgliedstaat durch einen Repräsentanten vertreten, der jeweils durch das nationale Parlament bestimmt wird.

(2) Die Mitglieder der Europäischen Staatenkammer vertreten in der Europäischen Union die Stimme ihres jeweiligen Nationalstaates. Unter der Berücksichtigung der Bevölkerungsgröße werden jedem Land zwei bis sieben Stimmen zugestanden. Die Stimmen können nur einheitlich abgegeben werden. Das Nähere regelt die Geschäftsordnung der Europäischen Staatenkammer.

(3) Aus ihren Reihen wählen die Mitglieder der Europäischen Staatenkammer ihren Präsidenten.

Artikel 65 [Befugnisse der Europäischen Staatenkammer]

(1) Die Europäische Staatenkammer bildet zusammen mit dem Europäischen Parlament die Legislative der Europäischen Union.

(2) Die Europäische Staatenkammer und das Europäische Parlament verabschieden je mit absoluter Mehrheit den von der Europäischen Kommission erstellten Haushalt der Europäischen Union. Wenn in der Europäischen Staatenkammer keine absolute Mehrheit zustande kommt, gelten die Regelungen in Artikel 87 Absatz 4 und Absatz 5.

(3) Der Kommissionspräsident wird vom Europäischen Parlament vorgeschlagen und jeweils mit der absoluten Mehrheit der Mitglieder des Europäischen Parlaments und der Europäischen Staatenkammer gewählt.

Artikel 66 [Europäische Kommission]

(1) Die Europäische Kommission nimmt innerhalb der Europäischen Union die exekutiven Befugnisse wahr.

(2) Die Europäische Kommission hat neben dem Europäischen Parlament und der Europäischen Staatenkammer das Recht, Gesetzesvorschläge einzubringen.

(3) Die Mitglieder der Europäischen Kommission werden vom Präsidenten der Europäischen Kommission für fünf Jahre ernannt. Wiederernennung ist zulässig. Sie müssen sowohl vom Europäischen Parlament als auch von der Europäischen Staatenkammer bestätigt werden. Eine vorzeitige Entlassung durch den Präsidenten der Europäischen Kommission ist möglich.

(4) Die Europäische Kommission besteht aus höchstens 20 Mitgliedern, die entsprechend ihrer allgemeinen Befähigung ausgewählt werden und volle Gewähr für ihre Unabhängigkeit bieten müssen. Nur Bürger der Europäischen Union können Mitglieder der Kommission sein.

(5) Die Mitglieder der Kommission üben ihre Tätigkeit in voller Unabhängigkeit zum allgemeinen Wohl der Europäischen Union aus. Sie dürfen bei der Erfüllung ihrer Pflichten Anweisungen von einer Regierung oder einer anderen Stelle weder anfordern noch entgegennehmen. Jeder Mitgliedstaat verpflichtet sich, diesen Grundsatz zu achten und jegliche Beeinflussung der Mitglieder der Kommission bei der Erfüllung ihrer Aufgaben zu unterlassen.

Artikel 67 [Präsident der Europäischen Kommission]

(1) Der Präsident der Europäischen Kommission ist der oberste Repräsentant der Europäischen Union. Er legt die allgemeinen Leitlinien der Europäischen Union fest und vertritt sie.

(2) Der Präsident der Europäischen Kommission wird vom Europäischen Parlament vorgeschlagen und jeweils mit der absoluten Mehrheit der Mitglieder des Europäischen Parlaments und der Europäischen Staatenkammer gewählt.

(3) Der Präsident der Europäischen Kommission ernennt die Kommissare für die Amtszeit von fünf Jahren. Stellvertreter des Präsidenten der Europäischen Kommission ist der Kommissar für Außenpolitik.

(4) Der Präsident der Europäischen Kommission koordiniert und kontrolliert die Arbeit der Kommissare in den jeweiligen Ressorts.

Artikel 68 [Europäischer Rat]

(1) Der Europäische Rat gibt der Europäischen Union die für ihre Entwicklung erforderlichen Impulse.

(2) Die Mitglieder des Europäischen Rates sind die Staats- und Regierungschefs der Mitgliedstaaten sowie der Präsident der Europäischen Kommission. Der Europäische Rat tritt mindestens zweimal jährlich unter der Leitung seines Vorsitzenden zusammen.

(3) Der Europäische Rat erstattet dem Europäischen Parlament und der Europäischen Staatenkammer nach jeder Tagung Bericht. Er verfasst jährlich einen schriftlichen Bericht über die Einhaltung der Kompetenzordnung der Europäischen Union gemäß Artikel 78 Absatz 2 sowie einen Bericht über die Fortschritte der Europäischen Union.

(4) Der Vorsitzende des Europäischen Rates wird von den Mitgliedern für 30 Monate gewählt. Eine Wiederwahl ist nicht möglich. Der Vorsitzende muss ein Mitglied des Europäischen Rates sein.

(5) Die Aufgaben des Vorsitzenden umfassen die Organisation und Durchführung der Sitzungen des Europäischen Rates. Zu seiner Unterstützung ernennt der Vorsitzende zwei Stellvertreter. Zudem wird ein Sekretariat eingerichtet.

Artikel 69 [Der Europäische Gerichtshof]

(1) Der Europäische Gerichtshof sichert die Wahrung des Rechts bei der Auslegung und Anwendung dieser Verfassung.

(2) Der Europäische Gerichtshof besteht aus je einem Richter pro Mitgliedstaat. Er tagt in Vollsitzungen, kann jedoch aus seiner Mitte Kammern bilden, die bestimmte vorbereitende Aufgaben erledigen oder bestimmte Rechtssachen entscheiden; hierfür gelten die Vorschriften einer besonderen Regelung. Auf Antrag des Europäischen Gerichtshofes können das Europäische Parlament und die Europäische Staatenkammer die Zahl der Richter erhöhen.

(3) Der Europäische Gerichtshof wird von 15 Generalanwälten unterstützt. Der Generalanwalt hat, in völliger Unparteilichkeit und Unabhängigkeit, begründete Schlussanträge zu denen dem Europäischen Gerichtshof unterbreiteten Rechtssachen öffentlich zu stellen, um den Europäischen Gerichtshof bei der Erfüllung seiner in Absatz 1 bestimmten Aufgaben zu unterstützen. Auf Antrag des Europäischen Gerichtshofes können das Europäische Parlament und die Europäische Staatenkammer durch Beschluss die Zahl der Generalanwälte erhöhen.

(4) Zu Richtern und Generalanwälten sind Persönlichkeiten auszuwählen, die jede Gewähr für Unabhängigkeit bieten und Juristen von anerkannt hervorragender Befähigung sind. Sie werden von den Mitgliedstaaten vorgeschlagen und vom Europäischen Parlament für sechs Jahre gewählt. Einmalige Wiederernennung ist zulässig.

Artikel 70 [Gericht Erster Instanz]

Dem Europäischen Gerichtshof wird ein Gericht erster Instanz beigeordnet, das für Entscheidungen über einzelne Gruppen von Klagen im ersten Rechtszug zuständig ist und gegen dessen Entscheidungen ein auf Rechtsfragen beschränktes Rechtsmittel beim Europäische Gerichtshof nach Maßgabe der Satzung eingelegt werden kann. Das Nähere regelt die Geschäftsordnung des Europäischen Gerichtshofes.

Artikel 71 [Klagemöglichkeiten zum Europäischen Gerichtshof]

(1) Hat nach Auffassung der Europäischen Kommission ein Mitgliedstaat gegen eine Verpflichtung aus dieser Verfassung verstoßen, so kann sie den Europäischen Gerichtshof anrufen. Jeder Mitgliedstaat der Europäischen Union kann den Europäischen Gerichtshof anrufen, wenn er der Auffassung ist, dass ein anderer Mitgliedstaat gegen eine Verpflichtung dieser Verfassung verstoßen hat. Das Europäische Parlament, die Europäische Staatenkammer sowie der Ausschuss

der Regionen können den Europäischen Gerichtshof anrufen, wenn nach ihrer Auffassung das in dieser Verfassung verankerte Subsidiaritätsprinzip durch eine andere Institution verletzt wurde.

(2) Der Europäische Gerichtshof überwacht die Rechtmäßigkeit der gemeinsamen Handlungen der europäischen Institutionen. Zu diesem Zweck ist der Europäische Gerichtshof für Klagen zuständig, die ein Mitgliedstaat, das Europäische Parlament, die Europäische Staatenkammer oder die Europäische Kommission wegen Unzuständigkeit, Verletzung wesentlicher Formvorschriften, Verletzung dieser Verfassung oder einer bei ihrer Durchführung anzuwendenden Rechtsnorm oder wegen Ermessensmissbrauchs erhebt.

(3) Unterlässt es das Europäische Parlament, die Europäische Staatenkammer oder die Europäische Kommission unter Verletzung dieser Verfassung, einen Beschluss zu fassen, so können die Mitgliedstaaten und die anderen Institutionen der Europäischen Union beim Europäischen Gerichtshof Klage auf Feststellung dieser Verfassungsverletzung erheben.

Artikel 72 [Europäischer Rechnungshof]

(1) Der Europäische Rechnungshof prüft die Rechnung über alle Einnahmen und Ausgaben der Europäischen Union. Er prüft ebenfalls die Rechnung über alle Einnahmen und Ausgaben jeder von der Europäischen Union geschaffenen Einrichtung, soweit der Gründungsakt dies nicht ausschließt. Der Europäische Rechnungshof prüft die Rechtmäßigkeit und Ordnungsmäßigkeit der Einnahmen und Ausgaben und überzeugt sich von der Wirtschaftlichkeit der Haushaltsführung. Dabei berichtet er insbesondere über alle Fälle von Unregelmäßigkeiten. Er unterstützt das Europäische Parlament und die Europäische Staatenkammer bei der Kontrolle der Ausführung des Haushaltsplans.

(2) Die Prüfung in den Mitgliedstaaten erfolgt in Verbindung mit den einzelstaatliche Rechnungsprüfungsorganen oder, wenn diese nicht über die erforderliche Zuständigkeit verfügen, mit den zuständigen einzelstaatlichen Dienststellen. Der Europäische Rechnungshof und die einzelstaatlichen Rechnungsprüfungsorgane arbeiten unter Wahrung ihrer Unabhängigkeit vertrauensvoll zusammen.

(3) Die Anzahl der Mitglieder des Europäischen Rechnungshofes richtet sich nach der Anzahl der Mitgliedstaaten der Europäischen Union. Als Mitglieder des Europäischen Rechnungshofes sind Persönlichkeiten auszuwählen, die in ihren Ländern im Bereich der Rechnungsprüforgane tätig sind oder waren oder für dieses Amt besonders geeignet sind.

(4) Die Mitglieder des Europäischen Rechnungshofes werden von der Europäischen Kommission nach Anhörung des Europäischen Parlaments auf sechs Jahre ernannt. Wiederernennung ist zulässig. Sie üben ihre Tätigkeit in voller Unabhängigkeit zum allgemeinen Wohl der Europäischen Union aus.

(5) Aus ihrer Mitte wählen sie den Präsidenten des Europäischen Rechnungshofes für drei Jahre. Wiederwahl ist zulässig.

Artikel 73 [Europäische Zentralbank]

(1) Die Europäische Zentralbank ist zuständig für die Währungspolitik ihrer Mitgliedstaaten. Sie hat das ausschließliche Recht, die Ausgabe von Zahlungsmittel innerhalb ihrer Mitgliedstaaten zu genehmigen.

(2) Ziel der Europäischen Zentralbank ist die Aufrechterhaltung der Preisstabilität. Darüber hinaus soll sie die allgemeine Wirtschaftspolitik der Europäischen Union unterstützen.

(3) Die Europäische Zentralbank besitzt Rechtspersönlichkeit und ist institutionell unabhängig.

(4) Die Europäische Zentralbank ist der Europäischen Kommission gegenüber berichtspflichtig.

(5) Zur Erfüllung der dem Europäischen System der Zentralbanken übertragenen Aufgaben werden von der Europäischen Zentralbank im Rahmen der Währungspolitik Richtlinien erlassen.

Artikel 74 [Direktorium und Zentralbankrat]

(1) Die Entscheidungsgremien der Europäischen Zentralbank sind das Direktorium und der Europäische Zentralbankrat. Der Europäische Zentralbankrat besteht aus den Mitgliedern des Direktoriums der Europäische Zentralbank und den Präsidenten der nationalen Zentralbanken der Mitgliedstaaten. Die Europäische Zentralbank macht bei ihrer Aufgabenerfüllung Gebrauch vom Europäischen System der Zentralbanken. Das Europäischen System der Zentralbanken besteht aus der Europäische Zentralbank und den Zentralbanken der Mitgliedstaaten. Das Europäischen System der Zentralbanken wird von den Entscheidungsgremien der Europäische Zentralbank geleitet.

(2) Das Direktorium der Europäische Zentralbank setzt sich aus Präsidenten, Vize-Präsidenten und weiteren Mitgliedern zusammen. Die Mitglieder des

Direktoriums werden durch die Regierungen der Mitgliedstaaten vorgeschlagen und durch das Europäische Parlament bestätigt. Die Amtszeit beträgt acht Jahre; Wiederernennung ist nicht zulässig. Nur Bürger aus den Mitgliedstaaten der Europäischen Union können Mitglieder des Direktoriums werden.

Artikel 75 [Ausschuss der Regionen]

(1) Der Ausschuss der Regionen besteht aus Vertretern der regionalen und lokalen Gebietskörperschaften. Jedem Mitgliedstaat der Europäischen Union kommt eine festgelegte Anzahl von Sitzen zu.

(2) Die Mitglieder des Ausschusses werden auf Vorschlag der jeweiligen Regierung vom nationalen Parlament auf fünf Jahre ernannt. Wiederernennung ist zulässig. Ein Mitglied des Ausschusses der Regionen darf nicht zugleich Mitglied des Europäischen Parlaments sein. Die Mitglieder des Ausschusses sind an keine Weisungen gebunden. Sie üben ihre Tätigkeit in voller Unabhängigkeit zum allgemeinen Wohl der Europäischen Union aus.

(3) Im Bereich der Rahmengesetzgebung sowie der konkurrierenden Gesetzgebung besitzt der Ausschuss ein Informationsrecht. In diesem Zusammenhang besitzt er des weiteren das Recht, dem Europäischen Parlament oder der Europäischen Staatenkammer eine Stellungnahme zuzuleiten und gehört zu werden. Dies gilt insbesondere in Fällen, welche die grenzüberschreitende Zusammenarbeit betreffen.

(4) Ist der Ausschuss der Regionen der Auffassung, dass durch einzelne Institutionen oder Verfahrensweisen das Subsidiaritätsprinzip innerhalb der Europäischen Union verletzt wird, so besitzt er ein Klagerecht zum Europäischen Gerichtshof.

Titel IV: Kompetenzordnung der Europäischen Union

Artikel 76 [Grundsätze für ein Tätigwerden der Europäischen Union]

(1) Die Europäische Union wird innerhalb der Grenzen der ihr in dieser Verfassung zugewiesenen Befugnisse und Kompetenzen und gesetzten Ziele tätig.

(2) In den Bereichen, die nicht in ihre ausschließliche Zuständigkeit fallen, wird die Europäische Union nach dem Subsidiaritätsprinzip nur tätig, sofern und soweit die Ziele der in Betracht gezogenen Maßnahmen auf Ebene der Mitglied-

staaten nicht ausreichend erreicht werden können und daher wegen ihres Umfangs oder ihrer Wirkungen besser auf der Ebene der Europäische Union erreicht werden können.

(3) Die Maßnahmen der Europäischen Union dürfen gemäß des Prinzips der Verhältnismäßigkeit nicht über das für die Erreichung der Ziele dieser Verfassung erforderliche Maß hinausgehen.

Artikel 77 [Grundsätze für das Verhältnis zwischen der Europäischen Union und Mitgliedstaaten]

(1) Die der Europäischen Union von den Mitgliedstaaten übertragenen Kompetenzen sind in dieser Verfassung enthalten. Alle nicht übertragenen Kompetenzen verbleiben bei den Mitgliedstaaten.

(2) Das Recht der Europäischen Union hat Vorrang vor nationalem Recht.

Artikel 78 [Einhaltung der Subsidiarität]

(1) Der Europäische Gerichtshof kann bei vermuteter Verletzung des Subsidiaritätsprinzips von der Europäischen Kommission, dem Europäischen Parlament, der Europäischen Staatenkammer und dem Ausschuss der Regionen angerufen werden. Eine Beschwerdemöglichkeit haben auch die Regierungen der Mitgliedstaaten, die Parlamente der Mitgliedstaaten sowie die regionalen Selbstverwaltungskörperschaften, sofern eine Rechtsbeeinträchtigung möglich ist.

(2) Der Europäische Rat legt dem Europäischen Parlament, der Europäischen Staatenkammer und den Parlamenten der Mitgliedstaaten einen jährlichen Bericht über die Einhaltung der Kompetenzordnung der Europäischen Union vor.

(3) Die Parlamente der Mitgliedstaaten können den Institutionen der Europäischen Union Vorschläge über erforderliche Maßnahmen zur Wahrung der Kompetenzordnung abgeben.

Artikel 79 [Ausschließliche Kompetenzen der Europäischen Union]

(1) Im Bereich der ausschließlichen Gesetzgebungskompetenz darf allein die Europäische Union Gesetze erlassen. Ein Tätigwerden der Mitgliedstaaten ist ausgeschlossen, es sei denn sie handeln im Rahmen einer Ermächtigung der Europäischen Union.

(2) Der Bereich der ausschließlichen Gesetzgebungskompetenz umfasst:
1. die Europäische Außen- und Sicherheitspolitik;
2. die Entwicklungspolitik;
3. die Währungspolitik;
4. die biologischen Meeresschätze;
5. die Handelspolitik;
6. die Unionsbürgerschaft;
7. Europol, Eurojust, Aufbau gemeinsamer Einrichtungen;
8. der Binnenmarkt;
9. die Zollpolitik;
10. die Wettbewerbspolitik;
11. die Visapolitik;
12. die Asyl- und Einwanderungspolitik.

Artikel 80 [Rahmengesetzgebung]

(1) Im Bereich der Rahmengesetzgebung legt die Europäische Union für den betreffenden Sachbereich einen allgemeinen Rahmen fest. Dieser Rahmen muss von den Mitgliedstaaten umgesetzt werden. Die Mitgliedstaaten können über die durch die Rahmengesetze vorgesehenen Vorgaben der Europäischen Union hinaus weitergehende Maßnahmen ergreifen.

(2) Der Bereich der Rahmengesetzgebung umfasst:

1. die Umweltpolitik;
2. den Tierschutz;
3. den Katastrophenschutz;
4. die Energiepolitik;
5. die Bildungspolitik;
6. die Bereiche Forschung, Entwicklung, Technologie und Wissenschaft;
7. die berufliche Bildung.

Artikel 81 [Konkurrierende Gesetzgebung]

(1) Im Bereich der konkurrierenden Gesetzgebung haben die Mitgliedstaaten die Befugnis, Gesetze zu erlassen, solange und soweit die Europäische Union von ihrer Gesetzgebungszuständigkeit keinen Gebrauch gemacht hat. Wenn die Europäische Union in einem Bereich Gesetze erlassen hat, können die Mitgliedstaaten in dieser Hinsicht nicht mehr gesetzgeberisch tätig werden.

(2) Der Bereich der konkurrierenden Gesetzgebung umfasst:

1. die Wirtschaftspolitik;
2. die Sozialpolitik;
3. die Gesundheitspolitik;
4. die polizeiliche und justizielle Zusammenarbeit;
5. die Sicherung der Außengrenzen der EU;
6. die Sicherheits- und Verteidigungspolitik;
7. die Verkehrspolitik;
8. die Kommunikationspolitik;
9. die Regional- und Strukturpolitik;
10. der Bereich Landwirtschaft und Fischerei;
11. die Industriepolitik;
12. die Beschäftigungspolitik;
13. der Bereich des Verbraucherschutzes;
14. das Steuerwesen.

Artikel 82 [Ergänzende Zuständigkeiten der Europäischen Union]

(1) In Bereich der ergänzenden Zuständigkeiten darf die Europäische Union nur unterstützende Maßnahmen ergreifen sowie fördernd und koordinierend tätig werden. Diese Maßnahmen dürfen die Souveränität der Mitgliedstaaten nicht einschränken oder deren Maßnahmen zuwiderlaufen.

(2) Der Bereich der ergänzenden Zuständigkeiten umfasst:

1. die Kulturpolitik;
2. der Bereich Jugend und Erziehung;
3. der wirtschaftliche und soziale Zusammenhalt;
4. den Bereich des Fremdenverkehrs;
5. den Bereich der transeuropäischen Netze.

Artikel 83 [Durchführung des Rechts der Europäischen Union]

(1) Die Verwaltungen der Mitgliedstaaten sind zur Ausführung des Rechts der Europäischen Union verpflichtet. Die Europäische Union kann bei Bedarf Maßnahmen zur Ausführung ihrer Rechtsvorschriften ergreifen.

(2) Die Europäische Kommission kann den Europäischen Gerichtshof anrufen, wenn sie der Auffassung ist, dass ein Mitgliedstaat gegen eine Verpflichtung aus dieser Verfassung verstoßen hat.

(3) Die Europäische Union kann für einzelne Bereiche Maßnahmen zur Förderung der Gleichmäßigkeit des Vollzugs von Recht der Europäischen Union durch die Mitgliedstaaten treffen. Hierzu ist eine qualifizierte Mehrheit in Europäischem Parlament und Europäischer Staatenkammer notwendig.

Artikel 84 [Änderungen der Kompetenzen]

(1) Es wird bei Bedarf ein Kompetenzausschuss einberufen. Der Ausschuss besteht aus Vertretern der Mitgliedstaaten und der Europäischen Union. Jeder Mitgliedstaat entsendet einen Vertreter; von Seiten der Europäischen Union entsendet das Europäische Parlament eine gleiche Anzahl von Vertretern. Den Vorsitz führt ein Mitglied der Europäischen Kommission.

(2) Vorschläge für Kompetenzänderungen können von der Europäischen Kommission, dem Europäischen Parlament, der Europäischen Staatenkammer oder dem Ausschuss der Regionen bei der Europäischen Kommission eingebracht werden. Die Europäische Kommission leitet die Vorschläge unverzüglich an die Mitglieder des Ausschusses weiter. Dieser tritt innerhalb von einem Monat nach der Zustellung des Vorschlags an die Europäische Kommission zusammen. Der Ausschuss erarbeitet eine Empfehlung für das Europäische Parlament und die Europäische Staatenkammer zu den vorgeschlagenen Kompetenzänderungen.

(3) Das Europäische Parlament und die Europäische Staatenkammer müssen einer Kompetenzänderung mit qualifizierter Mehrheit zustimmen. Jede Kompetenzänderung muss in dieser Verfassung festgehalten werden.

Titel V: Durchführung der Maßnahmen der Europäischen Union

Artikel 85 [Instrumente]

(1) Zur Erfüllung ihrer Aufgaben und nach Maßgabe dieser Verfassung erlassen das Europäische Parlament und die Europäische Staatenkammer gemeinsam Unionsgesetze und Rahmengesetze. Die Kommission kann durch Unionsgesetz zum Erlass von Entscheidungen ermächtigt werden. Die Europäische Kommission, das Europäische Parlament und die Europäische Staatenkammer können Empfehlungen aussprechen oder Stellungnahmen abgeben.

(2) Die Unionsgesetze haben allgemeine Geltung. Sie sind in allen Teilen für alle Institutionen der Europäischen Union verbindlich und gelten unmittelbar in je-

dem Mitgliedstaat. Die Europäische Kommission ist zusammen mit den Mitgliedstaaten für die Umsetzung und Einhaltung der Unionsgesetze verantwortlich.

(3) Die Rahmengesetze sind für jeden Mitgliedstaat, an den sie gerichtet sind, hinsichtlich des zu erreichenden Ziels verbindlich. Die Mitgliedstaaten setzen die Rahmengesetze in nationales Recht um.

(4) Die Entscheidung als Instrument der Exekutive ist in allen ihren Teilen für diejenigen verbindlich, die sie bezeichnet.

(5) Empfehlungen und Stellungnahmen sind nicht verbindlich.

Artikel 86 [Gesetzesinitiativrecht]

Im Rahmen des Gesetzgebungsverfahrens der Europäischen Union besitzen folgende Institutionen ein Gesetzesinitiativrecht:
die Europäische Kommission;
das Europäische Parlament;
die Europäische Staatenkammer.

Artikel 87 [Gesetzgebungsverfahren der Europäischen Union]

(1) Gesetzesentwürfe der Europäischen Kommission sind zunächst der Europäischen Staatenkammer zuzuleiten. Die Gesetzesentwürfe müssen mit den grundlegenden Zielen der Europäischen Union vereinbar sein. Die Europäische Staatenkammer kann Änderungsvorschläge einbringen und eine Stellungnahme abgeben. Innerhalb von drei Monaten sind die Gesetzesentwürfe und die Stellungnahmen dem Europäischen Parlament zuzuleiten. Das Europäische Parlament stimmt dann über den vorgeschlagenen Rechtsakt in der von der Staatenkammer abgeänderten Fassung ab.

(2) Gesetzesentwürfe des Europäischen Parlaments werden zunächst der Europäischen Kommission zugeleitet. Die Europäische Kommission überprüft die Initiative auf ihre Vereinbarkeit mit den grundlegenden Zielen der Europäischen Union und gibt eine Stellungnahme ab. Innerhalb von drei Monaten sind Gesetzesvorlage und Stellungnahme der Europäischen Staatenkammer zuzuleiten. Die Europäische Staatenkammer gibt eine Stellungnahme ab und leitet die abgeänderte Form des vorgeschlagenen Rechtsakts zur Abstimmung zurück ans Europäische Parlament.

(3) Gesetzesentwürfe der Europäischen Staatenkammer werden zunächst der Europäischen Kommission zugeleitet. Die Europäische Kommission überprüft die Initiative auf ihre Vereinbarkeit mit den grundlegenden Zielen der Europäischen Union und gibt eine Stellungnahme ab. Innerhalb von drei Monaten sind Gesetzesvorlage und Stellungnahme dem Europäischen Parlament zur Abstimmung zuzuleiten.

(4) Das Europäische Parlament verfährt in der ersten Abstimmung mit absoluter Mehrheit wie folgt:

1. Billigt das Europäische Parlament alle von der Europäischen Staatenkammer geforderten Abänderungen, so kann es den vorgeschlagenen Rechtsakt in der abgeänderten Fassung in der ersten Abstimmung erlassen.
2. Schlägt die Europäische Staatenkammer keine Abänderungen vor, so kann das Europäische Parlament den vorgeschlagenen Rechtsakt erlassen.
3. Hat das Europäische Parlament seinerseits Änderungsvorschläge, so verändert es den vorgeschlagenen Rechtsakt in seinem Sinne und leitet die abgeänderte Form zur Abstimmung an die Europäische Staatenkammer.

(5) Im Bereich der Unionsgesetze verfährt die Europäische Staatenkammer in der zweiten Abstimmung mit absoluter Mehrheit wie folgt:

1. Billigt die Europäische Staatenkammer die vom Europäischen Parlament veränderte Fassung des Rechtsakts, so ist der Rechtsakt in der geänderten Fassung in der zweiten Abstimmung erlassen.
2. Findet sich in der Europäischen Staatenkammer keine Mehrheit zur Annahme des Rechtsaktes, wird dieser von der Europäischen Staatenkammer abgelehnt.

(6) Die Ablehnung durch die Europäische Staatenkammer kann durch eine absolute Mehrheit des Europäischen Parlaments überstimmt werden. Das Gesetz gilt somit als angenommen.

(7) Im Bereich der Rahmengesetze verfährt die Europäische Staatenkammer in der zweiten Abstimmung mit absoluter Mehrheit wie folgt:

1. Billigt die Europäische Staatenkammer die vom Europäischen Parlament veränderte Fassung des Rechtsakts, so ist der Rechtsakt in der geänderten Fassung in der zweiten Abstimmung erlassen.
2. Hat die Europäische Staatenkammer ihrerseits Änderungsvorschläge, so beruft der Präsident der Europäischen Staatenkammer im Einvernehmen mit

dem Präsidenten des Europäischen Parlaments binnen sechs Wochen den Vermittlungsausschuss ein.

Artikel 88 [Vermittlungsausschuss]

(1) Der Vermittlungsausschuss besteht aus je einem Mitglied oder einem Vertreter der nationalstaatlichen Vertretungen in der Europäischen Staatenkammer und ebenso vielen Vertretern des Europäischen Parlaments. Der Vermittlungsausschuss hat die Aufgabe, mit der absoluten Mehrheit der Vertreter des Europäischen Parlaments sowie der absoluten Mehrheit der Mitglieder der Europäischen Staatenkammer oder deren Vertretern eine Einigung über einen gemeinsamen Entwurf zu erzielen. Die Europäische Kommission nimmt an der Arbeit des Vermittlungsausschusses teil und ergreift alle erforderlichen Initiativen, um auf eine Einigung der Standpunkte des Europäischen Parlaments und der Europäischen Staatenkammer hinzuwirken. Der Vermittlungsausschuss berät auf der Grundlage der vom Europäischen Parlament abgeänderten Fassung des vorgeschlagenen Rechtsakts und den Änderungsvorschlägen der Europäischen Staatenkammer.

(2) Billigt der Vermittlungsausschuss binnen sechs Wochen nach seiner Einberufung einen gemeinsamen Entwurf, so verfügen das Europäische Parlament und die Europäische Staatenkammer über eine Frist von sechs Wochen, um den betreffenden Rechtakt entsprechend dem gemeinsamen Entwurf zu erlassen, wobei in beiden Institutionen jeweils die absolute Mehrheit der Mitglieder erforderlich ist. Nimmt eine der beiden Institutionen den vorgeschlagenen Rechtsakt nicht innerhalb dieser Frist an, so gilt er als nicht erlassen. Billigt der Vermittlungsausschuss keinen gemeinsamen Entwurf, so gilt der vorgeschlagene Rechtsakt als nicht erlassen.

Artikel 89 [Gesetzesausfertigung]

Die Gesetze der Europäischen Union werden vom Präsidenten des Europäischen Parlaments und vom Präsidenten der Europäischen Staatenkammer unterzeichnet und im Amtsblatt der Europäischen Union veröffentlicht. Sie treten zu dem durch sie festgelegten Zeitpunkt oder am zwanzigsten Tag nach ihrer Veröffentlichung in Kraft.

Artikel 90 [Verstärkte Zusammenarbeit]

(1) Die Mitgliedstaaten können eine verstärkte Zusammenarbeit begründen, sofern diese

1. darauf ausgerichtet ist, die Ziele der Europäischen Union zu fördern, deren Interessen zu vertreten und den Integrationsprozess zu stärken;
2. die bestehenden Verträge und den einheitlichen institutionellen Rahmen der Europäischen Union beachtet;
3. den Besitzstand der Europäischen Union beachtet;
4. im Rahmen der Zuständigkeit der Europäischen Union bleibt und sich nicht auf die Bereiche erstreckt, die unter die ausschließliche Zuständigkeit der Europäischen Union fallen;
5. für alle Mitgliedstaaten offen bleibt.

(2) Die Verstärkte Zusammenarbeit kann auf den Bereich der Außen- und Sicherheitspolitik ausgedehnt werden, allerdings bleiben militärische und verteidigungspolitische Angelegenheiten hiervon ausgeschlossen.

(3) Die Mitgliedstaaten, die beabsichtigen, eine verstärkte Zusammenarbeit zu begründen, richten einen entsprechenden Antrag an die Kommission, die diesen auf die Vereinbarkeit mit den grundlegenden Zielen der Europäischen Union überprüft. Der Antrag wird dem Europäischen Parlament und dem Europäischen Staatenkammer zur Entscheidung weitergeleitet. Die Ermächtigung zur Verstärkten Zusammenarbeit wird sowohl durch die Befürwortung des Europäischen Parlaments als auch der Europäischen Staatenkammer mit absoluter Mehrheit erteilt.

Titel VI: Das demokratische Leben der Europäischen Union

Artikel 91 [Gleichheit aller Bürger]

Alle Bürger der Europäischen Union sind vor den Institutionen und Einrichtungen der Europäischen Union gleich.

Artikel 92 [Grundsatz der partizipatorischen Demokratie]

Die Institutionen der Europäischen Union sind dem Grundsatz der partizipatorischen Demokratie verpflichtet. Sie sorgen für einen hohen Grad von Transparenz, der es Bürgervereinigungen verschiedener Art ermöglicht, am Leben der Europäischen Union teilzunehmen.

Artikel 93 [Petitionen]

Jeder Einwohner und jeder Bürger der Europäischen Union kann allein oder zusammen mit anderen Bürgern oder Personen in Angelegenheiten, die in die

Tätigkeitsbereiche der Europäischen Union fallen und die ihn oder sie unmittelbar betreffen, eine Petition an das Europäische Parlament richten.

Artikel 94 [Bürgerbeauftragte]

(1) Das Europäische Parlament wählt so viele Bürgerbeauftragte wie es Mitgliedstaaten gibt. Diese Bürgerbeauftragten sind befugt, von jedem Einwohner der Europäischen Union Beschwerden über Missstände bei der Tätigkeit der Institutionen der Europäischen Union, mit Ausnahme des Gerichtshofs und des Gerichts Erster Instanz, entgegenzunehmen. Sie üben ihr Amt in völliger Unabhängigkeit aus und sind nicht befugt von irgendeiner Stelle Anweisungen entgegen zu nehmen oder anzufordern. Die Bürgerbeauftragten dürfen während ihrer Amtszeit keine andere entgeltliche oder unentgeltliche Berufstätigkeit ausüben.

(2) Die Bürgerbeauftragten führen von sich aus oder aufgrund von Beschwerden einzeln oder als Gruppe Untersuchungen durch. Haben die Bürgerbeauftragten einen Missstand festgestellt, so befassen sie die betreffende Institution innerhalb von drei Monaten, um ihnen seine Stellungnahme zu übermitteln. Die Bürgerbeauftragten berichten dem Europäischen Parlament, der betreffenden Institution und dem Beschwerdeführer über die Ergebnisse ihrer Untersuchungen.

Artikel 95 [Wahlverfahren zum Europäischen Parlament]

(1) Die Abgeordneten des Europäischen Parlaments werden in allgemeiner, unmittelbarer, freier und geheimer Wahl nach einem einheitlichen Verfahren in allen Mitgliedstaaten gewählt. Die genaue Zahl der Abgeordneten wird durch ein Gesetz der Europäischen Union festgelegt.

(2) Ein Drittel der Abgeordneten wird von den Wahlberechtigten in Wahlkreisen direkt gewählt. Die Verteilung der Direktmandate auf die Mitgliedstaaten regelt die Wahlordnung.

(3) Jeder wahlberechtigte Unionsbürger gibt seine zweite Stimme an eine europäische Liste ab. Die Stimmen werden nach Verhältniswahlrecht gesamteuropäisch auf die restlichen zwei Drittel der Sitze umgelegt. Weitere Bestimmungen des Verfahrens sind der Wahlordnung zu entnehmen.

(4) Alle Abgeordneten des Europäischen Parlaments sind allein Europa verpflichtet und stimmen unabhängig von Weisungen ihrer Mitgliedstaaten oder Parteizentralen nach eigenem Gewissen ab.

Artikel 96 [Europäische Parteien]

Europäische Parteien qualifizieren sich durch Unterstützerunterschriften für die unionsweite europäische Wahl. Europäische Parteien, die an der unionsweiten europäischen Wahl teilnehmen wollen, müssen demokratisch organisiert sein und fundamentale demokratische Grundregeln beachten. Bei Verstößen ist der Europäische Gerichtshof dazu befugt, die besagte europäische Partei von den unionsweiten europäischen Wahlen auszuschließen.

Artikel 97 [Öffentlichkeit der Beratungen]

Die Beratungen des Europäischen Parlaments und der Europäischen Staatenkammer sind grundsätzlich öffentlich. Ausnahmen werden in den Geschäftsordnungen des Europäischen Parlaments und der Europäischen Staatenkammer festgelegt.

Artikel 98 [Mehrheiten bei Abstimmungen]

Bei Abstimmungen der Institutionen der Europäischen Union finden folgende Mehrheitsverhältnisse Anwendung:

1. die relative Mehrheit, bei der die Abstimmungsalternative gewinnt, die im Verhältnis zu allen anderen die meisten Stimmen auf sich vereinigt.
2. die absolute Mehrheit, bei der die Abstimmungsalternative gewinnt, die mehr als die Hälfte der Stimmen aller Abstimmungsberechtigten erhält.
3. die qualifizierte Mehrheit, bei der die Abstimmungsalternative gewinnt, die mehr als zwei Drittel der Stimmen aller Abstimmungsberechtigten erhält.

Titel VII: Finanzen der Europäischen Union

Artikel 99 [Eigenmittel der Europäischen Union und deren Festlegung]

(1) Die Europäische Union finanziert ihren gesamten Haushalt aus Eigenmitteln. Zur Bestreitung ihrer Aufgaben kann die Europäische Union Steuern erheben und in bestimmten Bereichen Beiträge von den Mitgliedstaaten verlangen.

(2) Die Europäische Union kann auf Vorschlag der Europäischen Kommission Steuern erheben. Steuern bedürfen einer gesetzlichen Grundlage.

Artikel 100 [Grundsatz des Haushaltsausgleichs und Haushaltdisziplin]

Der Haushalt der Europäischen Union soll ausgeglichen sein.

Artikel 101 [Festlegung und Verabschiedung des Haushaltsplans]

(1) Alle Einnahmen und Ausgaben der Europäischen Union werden für ein Jahr festgelegt und in einem Haushaltsplan festgehalten.

(2) Der Unterschied zwischen obligatorischen und nicht obligatorischen Ausgaben entfällt.

(3) Für den Vorschlag des Haushaltsplans ist die Europäische Kommission zuständig. Der Haushaltsplan wird von der Mehrheit des Europäischen Parlaments und der Europäischen Staatenkammer beschlossen. Kommt kein Einvernehmen über den Haushalt zustande, entscheidet das Europäische Parlament mit absoluter Mehrheit.

Artikel 102 [Haushaltsordnung]

Die Haushaltsordnung der Europäischen Union wird durch ein Gesetz geregelt.

Artikel 103 [Haushaltskontrolle]

(1) Der Europäische Rechnungshof prüft alle Einnahmen und Ausgaben der Europäischen Union und der von ihr geschaffenen Einrichtungen. Die Haushaltsordnung regelt die Einzelheiten des Prüfverfahrens.

(2) Die Prüfung durch den Europäischen Rechnungshof wird durch die Arbeit des Europäischen Amtes für Betrugsbekämpfung unterstützt und ergänzt.

Titel VIII: Wirtschafts- und Sozialpolitik der Europäischen Union

Artikel 104 [Grundsatz der Europäischen Wirtschafts- und Sozialpolitik]

Die Wirtschafts- und Sozialpolitik der Europäischen Union gründet sich auf das Modell einer sozial ausgerichteten Marktwirtschaft, die zugleich das Ziel einer nachhaltigen Entwicklung verfolgt.

Artikel 105 [Europäische Wirtschafts- und Sozialpolitik]

(1) Die Europäische Union sorgt im Rahmen der konkurrierenden Kompetenz für Stabilität und Konvergenz der wirtschaftlichen Entwicklung in den

Mitgliedstaaten. Dies erfolgt durch eine Koordination der nationalen Wirtschafts- und Sozialpolitik innerhalb der Mitgliedstaaten.

(2) Die Europäische Union fördert die Weiterentwicklung und die Vollendung des Binnenmarktes sowie die Weiterentwicklung der Wirtschaftsunion.

(3) Die Europäische Union fördert ein dauerhaftes, nachhaltiges Wachstum.

(4) Die Europäische Union verfolgt das Ziel der Verringerung der Arbeitslosigkeit.

(5) Die Wirtschaftpolitik der Europäischen Union verfolgt einen hohen Grad von Wettbewerbsfähigkeit. Sie fördert den Leistungswettbewerb und verhindert Monopole, beziehungsweise baut diese und andere marktbeherrschende Stellungen ab.

(6) Die Europäische Union setzt sich im Rahmen der konkurrierenden Kompetenz der Sozialpolitik für die Hebung und Annäherung des allgemeinen Lebensstandards und einen angemessenen sozialen Schutz innerhalb der Europäischen Union ein.

(7) Bei einer Verletzung dieser Ziele kann das Europäische Parlament auf Vorschlag der Europäischen Kommission mit qualifizierter Mehrheit beschließen, bestimmte Maßnahmen zur Erhaltung der Stabilität durchzuführen. Die Europäische Staatenkammer hat einer solchen Maßnahme mit qualifizierter Mehrheit zuzustimmen.

Titel IX: Europäische Außen-, Sicherheits- und Verteidigungspolitik

Kapitel I. Europäische Außen- und Sicherheitspolitik

Artikel 106 [Kompetenzen]

(1) Die Europäische Union verwirklicht eine gemeinsame Europäische Außen- und Sicherheitspolitik.

(2) Die Mitgliedstaaten haben das Recht zur Regelung regionaler Zusammenhänge und zum Abschluss bilateraler Verträge, sofern diese nicht dem Vorgehen der Europäischen Union nach Artikel 109 zuwiderlaufen oder dieses behindern. Sie sind dabei verpflichtet, die Grundsätze dieser Verfassung zu achten.

Artikel 107 [Ziele der Europäischen Außenpolitik]

(1) Die Europäische Außenpolitik stützt sich auf die in Artikel 2 und Artikel 3 genannten gemeinsamen Werte, Prinzipien und Zielsetzungen. Die vornehmlichen Ziele sind die Wahrung des internationalen Friedens und der Sicherheit in der Welt.

(2) Bei der Ausübung der Europäischen Außenpolitik folgt die Europäische Union den Zielen der Einhaltung und Förderung von Demokratie, Menschenrechten, sozialer Gerechtigkeit, nachhaltiger Umwelt- und Entwicklungspolitik sowie friedlichem Zusammenleben.

(3) Die Europäische Außenpolitik erfolgt im Einklang mit den Grundsätzen der Charta der Vereinten Nationen. Sie bemüht sich um die Stärkung internationaler Organisationen und des internationalen Rechts.

Artikel 108 [Vertretung der Europäischen Union nach außen]

(1) Der Präsident der Europäischen Kommission vertritt die Europäische Union nach außen.

(2) Der Kommissar für Außenpolitik leitet die Europäische Außenpolitik nach den Maßgaben dieser Verfassung.

(3) Der Kommissar für Außenpolitik steht dem Europäischen Außenamt vor. Zur Vertretung der Europäischen Union werden europäische Botschaften eingerichtet.

(4) Den weiteren Aufbau des Europäischen Außenamtes regelt ein Gesetz der Europäischen Union.

Artikel 109 [Außenpolitische Instrumente der Europäischen Union]

(1) Die Umsetzung der Ziele aus Artikel 107 erfolgt durch

1. die außenpolitische Strategie der Europäischen Union. Sie legt die langfristigen Ziele der europäischen Außenpolitik fest.

2. den außenpolitischen Beschluss der Europäischen Union. In diesem bestimmt die Europäische Union aufgrund der außenpolitischen Strategie ihre Handlungsmöglichkeiten bezüglich bestimmter geographischer sowie thematischer Fragen für einen kurz- bis mittelfristigen Zeitraum.
3. die außenpolitische Aktion der Europäischen Union. Sie umfasst die konkrete Umsetzung der außenpolitischen Beschlüsse.

(2) Die in Absatz 1 genannten außenpolitischen Instrumente der Europäischen Union entfalten unmittelbare Bindungswirkung gegenüber allen Mitgliedstaaten.

Artikel 110 [Außenpolitische Strategie der Europäischen Union]

(1) Auf Initiative des Präsidenten der Europäischen Kommission, mindestens fünf von hundert der Mitglieder des Europäischen Parlaments oder mindestens fünf Vertretern der Mitgliedstaaten in der Europäischen Staatenkammer kann die Europäische Kommission mit relativer Mehrheit eine außenpolitische Strategie beschließen.

(2) Das Europäische Parlament sowie die Europäische Staatenkammer müssen der außenpolitischen Strategie mit jeweils absoluter Mehrheit zustimmen.

Artikel 111 [Außenpolitischer Beschluss der Europäischen Union]

(1) Initiativrecht für einen außenpolitischen Beschluss der Europäischen Union haben der Präsident der Europäischen Kommission, der Kommissar für Außenpolitik, mindestens fünf von hundert der Mitglieder des Europäischen Parlaments sowie mindestens fünf Vertreter der Mitgliedstaaten in der Europäischen Staatenkammer.

(2) Dem außenpolitischen Beschluss der Europäischen Union müssen die Europäische Kommission sowie das Europäische Parlament mit jeweils relativer Mehrheit zustimmen. Die Europäische Staatenkammer kann gegen den Beschluss ein Veto einlegen, welches vom Europäischen Parlament mit absoluter Mehrheit überstimmt werden kann.

(3) Bei außenpolitischen Beschlüssen, die den Einsatz von militärischen Optionen beinhalten, gelten die Bestimmungen des Artikel 120.

Artikel 112 [Außenpolitische Aktion der Europäischen Union]

Aufgrund eines außenpolitischen Beschlusses nach Artikel 111 und im Einklang mit den Grundsätzen dieser Verfassung handelt der Kommissar für Außenpolitik im Einvernehmen mit dem Präsidenten der Europäischen Kommission.

Artikel 113 [Beziehungen zu den Nachbarstaaten]

(1) Die Europäische Union unterhält mit ihren Nachbarstaaten besondere Beziehungen. Inhalt dieser Beziehungen ist insbesondere die Förderung von Maßnahmen zur wirtschaftlichen Entwicklung sowie zum kulturellen Austausch. Besondere Beziehungen zu Nachbarstaaten von überseeischen Ländern und Hoheitsgebieten der Mitgliedstaaten sind nicht ausgeschlossen.

(2) Zur Erfüllung dieser Beziehungen kann die Europäische Union eigene Verträge mit den jeweiligen Staaten abschließen.

(3) Bisherige Assoziierungsabkommen der Europäischen Gemeinschaft gelten weiter. Die Europäische Union wird insoweit Rechtsnachfolgerin der Europäischen Gemeinschaft.

Kapitel II. Sicherheit und Verteidigung

Artikel 114 [Europäische Sicherheits- und Verteidigungspolitik]

(1) Die Europäische Union führt humanitäre Aufgaben und Rettungseinsätze, friedens-erhaltende Aufgaben, Maßnahmen zur Terrorismusbekämpfung sowie Kampfeinsätze bei der Krisenbewältigung einschließlich friedensschaffender Maßnahmen durch.

(2) Die Mitglieder der Europäischen Union verpflichten sich im Sinne der kollektiven Verteidigung alle in ihrer Macht stehenden militärische und sonstige Hilfe und Unterstützung zu leisten sofern mindestens ein Mitgliedstaat Ziel eines bewaffneten Angriffs werden sollte.

Artikel 115 [Europäische Streitkräfte]

(1) Die Europäische Union stellt eigene Streitkräfte auf.

(2) Über den Verteidigungshaushalt entscheidet das Europäische Parlament mit Zustimmung der Staatenkammer.

Artikel 116 [Oberbefehl]

Der Kommissar für Verteidigung hat den Oberbefehl über die europäischen Streitkräfte inne. Er steht dem europäischen Oberkommando vor.

Artikel 117 [Verteidigungsausschuss]

(1) Das Europäische Parlament bestellt einen Ausschuss für Verteidigung.

(2) Der Ausschuss für Verteidigung hat auch die Rechte eines Untersuchungsausschusses. Auf Antrag eines Viertels seiner Mitglieder hat er die Pflicht, eine Angelegenheit zum Gegenstand seiner Untersuchungen zu machen.

Artikel 118 [Nationale Streitkräfte]

(1) Die Mitgliedstaaten behalten das Recht, eigene Streitkräfte aufzustellen.

(2) Diese dürfen außerhalb ihrer Territorien nur im Einklang mit der Politik der Europäischen Union gemäß Artikel 109 Absatz 2 eingesetzt werden.

(3) Das Recht auf individuelle Selbstverteidigung bleibt davon unberührt.

Artikel 119 [Gemeinsame Rüstungspolitik]

Die Europäische Union und ihre Mitgliedstaaten betreiben eine gemeinsame und koordinierte Rüstungsentwicklung.

Artikel 120 [Einsatz von Streitkräften außerhalb des Hoheitsgebietes der Europäischen Union]

(1) Einsätze der europäischen Streitkräfte außerhalb des Hoheitsgebietes der Europäischen Union bedürfen der Zustimmung des Europäischen Parlaments und der Europäischen Staatenkammer mit jeweils absoluter Mehrheit.

(2) Reichen die Mittel der europäischen Streitkräfte zur Bewältigung eines Einsatzes außerhalb des Hoheitsgebietes der Europäischen Union nicht aus und hat das Europäische Parlament einem solchen Einsatz zugestimmt, sollen die Mitgliedstaaten auf Antrag des Kommissars für Verteidigung eigene Streitkräfte zur Verfügung stellen.

Artikel 121 [Begrenzte Einsätze außerhalb des Hoheitsgebietes der Europäischen Union]

(1) Erfordern die Umstände unabweisbar ein sofortiges militärisches Eingreifen der europäischen Streitkräfte außerhalb des Gebietes der Europäischen Union zum Schutz von Bürgern der Europäischen Union, so kann der Kommissar für Verteidigung in Abstimmung mit dem Präsidenten der Kommission einen begrenzten Einsatz von Streitkräften außerhalb des Hoheitsgebietes der Europäi-

schen Union anordnen. Das Europäische Parlament ist umgehend zu benachrichtigen.

(2) Dieser Einsatz darf ohne Zustimmung des Europäischen Parlaments und der Europäischen Staatenkammer den Zeitraum von 30 Tagen nicht überschreiten. Beide Kammern stimmen auf Antrag eines Viertels der Mitglieder einer Kammer über einen begrenzten Auslandseinsatz ab.

Artikel 122 [Verteidigungsfall]

(1) Wird ein Mitgliedstaat das Ziel eines bewaffneten Angriffs, oder steht ein solcher Angriff unmittelbar bevor, so stellt auf Antrag der Europäischen Kommission oder des betroffenen Mitgliedstaates das Parlament mit Zustimmung der Staatenkammer mit jeweils qualifizierter Mehrheit den Verteidigungsfall fest. Der Präsident der Europäischen Kommission verkündet den Verteidigungsfall. Der Verteidigungsfall gilt als beendet, wenn das Europäische Parlament dies mit Zustimmung der Europäischen Staatenkammer mit jeweils qualifizierter Mehrheit beschließt.

(2) Wird der kollektive Verteidigungsfall festgestellt, so leisten die Europäische Union und ihre Mitgliedstaaten gemäß Artikel 114 Absatz 2 sich gegenseitig alle in ihrer Macht stehende militärische und sonstige Hilfe und Unterstützung.

(3) Wird der Verteidigungsfall festgestellt, geht der Oberbefehl über die europäischen Streitkräfte auf den Präsidenten der Europäischen Kommission über. Der Einsatz der nationalen Streitkräften wird vom europäischen Oberkommando geleitet.

Titel X: Die Zugehörigkeit zur Europäischen Union

Artikel 123 [Beitritt zur Europäischen Union]

Jeder europäische Staat, der die in den Artikeln 1 bis 59 genannten Ziele, Werte und Grundrechte achtet und teilt und sich in das institutionelle Gefüge der Europäischen Union integrieren will, kann beantragen, Mitglied der Europäischen Union zu werden. Maßgebende Kriterien zur Aufnahme in die Europäische Union sind außerdem die geographische und kulturelle Nähe zu Europa sowie die Erfüllung der durch die Europäische Union festgelegten Stabilitätskriterien.

Artikel 124 [Beitrittsverfahren]

Ein Staat, der beantragt, Mitglied der Europäischen Union zu werden richtet seinen Antrag an die Europäische Kommission. Nach Prüfung durch die Europäische Kommission beschließen das Europäische Parlament und die Europäische Staatenkammer mit jeweils absoluter Mehrheit.

Artikel 125 [Aussetzung von Mitgliedschaftsrechten]

(1) Auf Vorschlag der Europäischen Kommission oder eines Drittels der Stimmen der Europäischen Staatenkammer oder 40 von Hundert der Parlamentarier des Europäischen Parlaments kann das Europäische Parlament mit absoluter Mehrheit feststellen, dass eine schwerwiegende und anhaltende Verletzung der in dieser Verfassung niedergelegten Grundsätze und Werte durch einen Mitgliedstaat vorliegt. Zuvor ist die Regierung des betroffenen Mitgliedstaates vom Europäischen Parlament zu einer Stellungnahme aufzufordern.

(2) Stellt das Europäische Parlament eine derartige Verletzung fest, kann der betroffene Staat gegen diese Entscheidung beim Europäischen Gerichtshof Beschwerde einlegen. Über diese Beschwerde hat der Europäische Gerichtshof unverzüglich zu entscheiden.

(3) Wurde eine Feststellung nach Absatz 1 getroffen und hat der Europäische Gerichtshof die Beschwerde des betroffenen Staates nach Absatz 2 abgelehnt, so kann das Europäische Parlament auf Vorschlag der Europäischen Kommission mit absoluter Mehrheit beschließen, bestimmte sich aus dieser Verfassung und anderen Verträgen ergebende Rechte auszusetzen. Die Europäische Staatenkammer muss einer solchen Aussetzung mit absoluter Mehrheit zustimmen. Dabei sind die Auswirkungen dieser Aussetzung auf die Rechte und Pflichten natürlicher und juristischer Personen zu berücksichtigen.

(4) Die sich aus dieser Verfassung ergebenden Verpflichtungen des betroffenen Mitgliedstaates sind für diesen auf jeden Fall weiterhin verbindlich.

Artikel 126 [Austritt aus der Europäischen Union]

(1) Der Austritt eines Mitgliedstaates aus der Europäischen Union ist ausschließlich im Einvernehmen mit der Europäischen Union möglich.

(2) Die Zustimmung der Europäischen Union erfolgt durch Beschluss des Europäischen Parlaments und der Europäischen Staatenkammer. Dazu ist eine

Mehrheit von drei Vierteln der Mitglieder des Europäischen Parlaments, bzw. drei Vierteln der Stimmen der Europäischen Staatenkammer erforderlich.

Titel XI: Allgemeine- und Schlussbestimmungen

Artikel 127 [Geltung der bisherigen Verträge]

Die bisherigen Verträge der Europäischen Gemeinschaften behalten ihre Geltung, soweit in dieser Verfassung keine ausdrücklichen anderweitigen Regelungen getroffen werden.

Artikel 128 [Geltungsbereich der Verfassung]

(1) Diese Verfassung gilt für die Mitgliedstaaten der Europäischen Union.

(2) In anderen Staaten ist diese Verfassung nach deren Beitritt zur Europäischen Union in Kraft zu setzen.

(3) Diese Verfassung gilt für die französischen überseeischen Departements, die Azoren, Madeira, die kanarischen Inseln und die Alandinseln uneingeschränkt. Diese Verfassung gilt auch uneingeschränkt in denjenigen europäischen Hoheitsgebieten, deren auswärtige Beziehungen ein Mitgliedstaat wahrnimmt.

(4) Sollte es aufgrund besonderer staatsrechtlicher Umstände einem Mitgliedstaat nicht sofort möglich sein, die Verfassung in allen seinen europäischen Hoheitsgebieten in Kraft zu setzen, so ist er aufgefordert, auf diese Durchsetzung hinzuarbeiten und sie baldmöglichst zu vollziehen.

(5) Für Hoheitsgebiete außerhalb des europäischen Kontinents und überseeische Länder gilt: Eine entsprechende Geltung der Verfassung tritt nur dann ein, wenn der betreffende Mitgliedstaat der Kommission gegenüber eine diesbezügliche Erklärung abgegeben hat. Die Europäische Union hat dem zuzustimmen. Diese Zustimmung erfolgt durch Beschluss des Parlaments und der Staatenkammer auf Vorschlag der Kommission, wobei jeweils die relative Stimmenmehrheit ausreicht.

(6) Zum Zweck der Herbeiführung einheitlicher Lebensverhältnisse sind die Mitgliedstaaten gehalten, eine entsprechende Geltung der Verfassung in allen den ihnen unterstehenden Hoheitsgebieten herbeizuführen.

Artikel 129 [Änderung der Verfassung]

(1) Diese Verfassung kann nur durch ein Gesetz der Europäischen Union geändert werden, das den Wortlaut der Verfassung ausdrücklich ändert oder ergänzt.

(2) Ein solches Gesetz bedarf der Zustimmung einer qualifizierten Mehrheit der Mitglieder des Europäischen Parlaments und einer qualifizierten Mehrheit der Stimmen der Staatenkammer.

(3) Eine Änderung der in Artikel 7 und Artikel 8 niedergelegten Grundsätze ist unzulässig.

Artikel 130 [Annahme, Ratifikation und Inkrafttreten der Verfassung]

(1) Diese Verfassung bedarf der Ratifizierung durch die Vertragsparteien gemäß ihren verfassungsrechtlichen Vorschriften. Die Ratifikationsurkunden werden bei der Regierung der Italienischen Republik hinterlegt. Dieser Verfassung tritt am ersten Tag des auf die Hinterlegung der letzten Ratifikationsurkunde folgenden Monats in Kraft. Findet diese Hinterlegung weniger als fünfzehn Tage vor Beginn des folgenden Monats statt, so tritt die Verfassung am ersten Tag des zweiten Monats nach dieser Hinterlegung in Kraft.

(2) Sind nicht alle Ratifikationsurkunden innerhalb einer Frist von einem Jahr und sechs Monaten nach Unterzeichnung der Verfassung hinterlegt worden, so haben sich die Regierungen der Staaten, welche die Hinterlegung vorgenommen haben, über die zu treffenden Maßnahmen zu verständigen.

(3) Das Europäische Parlament in seiner durch die bisherigen Verträge bestehenden Form hat dieser Verfassung mit absoluter Mehrheit zuzustimmen.

Artikel 131 [Geltungsdauer]

Dieser Verfassungsvertrag wird für unbegrenzte Zeit geschlossen.

Artikel 132 [Sprachen]

(1) Der Verfassungstext ist in einer Urschrift in den offiziellen Landessprachen der Mitgliedstaaten abgefasst. Jeder Wortlaut ist dabei gleichermaßen maßgebend für die rechtliche Verbindlichkeit der Verfassung. Nach den Beitrittsverträgen ist der Wortlaut der Verfassung auch in den Landessprachen der jeweiligen Beitrittsstaaten maßgeblich.

(2) Die Amtssprachen der Europäischen Union sind Englisch, Französisch und Deutsch. Die Aufnahme und Ausübung zusätzlicher Amtssprachen durch die Institutionen der Europäischen Union steht dem nicht entgegen.

Artikel 133 [Sitz, Flagge, Hymne, Währung und Feiertag]
(1) Der Sitz der Europäischen Union ist Brüssel.

(2) Die Flagge der Europäischen Union ist ein Kreis von zwölf goldenen Sternen auf blauem Grund.

(3) Die Hymne der Europäischen Union ist die „Ode an die Freude" aus der Neunten Sinfonie von Ludwig van Beethoven.

(4) Die Währung der Europäischen Union ist der Euro.

(5) Der Feiertag der Europäischen Union ist der 9. Mai.

Kommentar zum Trierer Verfassungsentwurf für die Europäische Union

Björn Hermann

Präambel

Verfassungsvertrag

Der vorliegende Verfassungsentwurf ist der Versuch, einen Ausgleich zwischen den zwei Polen einer „Verfassung" und eines „völkerrechtlichen Vertrages" zu finden. Es stellt sich das Problem, dass die Europäische Union (EU) kein Staat im herkömmlichen Sinn ist, sondern im Grunde ein Zusammenschluss von Einzelstaaten, die der Union aber eine Reihe von souveränstaatlichen Rechten übertragen haben. Traditionell-terminologisch betrachtet dürfte der Terminus „Verfassung" deshalb eigentlich nicht auf ein grundlegendes Dokument der EU angewendet werden. Dies wird auch dadurch unterstützt, dass das vorliegende Dokument eigentlich als völkerrechtlicher Vertrag von den Mitgliedstaaten der EU geschlossen werden wird bzw. werden muss, wobei aber die Besonderheit des Artikel 130 Abs. 2 dieser Verfassung zu beachten ist.

Der Terminus „Vertrag" im ersten Satz der Präambel trägt dem bis zu einem gewissen Grad Rechnung, geht aber weit über das traditionelle Vertragsverständnis des Völkerrechts hinaus und setzt sozusagen auf einer grundlegenderen Ebene an: Die Bürger Europas schließen einen Vertrag im Sinne eines Gesellschaftsvertrages. Selbst wenn dies auch nur indirekt durch die Regierungen ihrer Mitgliedstaaten erfolgt, erscheint es doch sinnvoll, die Bürger gleich im ersten Satz der Verfassung zu Wort kommen zu lassen, um sie unmittelbarer in das Ganze einzubinden, die EU sozusagen „bürgernäher" zu formulieren. Dieser Gedanke wird auch durch die Wendung unterstützt, dass die Regierungen von den Bürgern „beauftragt" wurden, diesen Vertrag auszuhandeln, und damit die eigentlich Handelnden sind.

Dreiteilung in Staaten, Völker und Bürger

Die Präambel ist dreigeteilt, wozu noch der letzte Absatz als Summe der vorhergehenden Absätze tritt. Jeder Abschnitt beginnt mit dem Wort „Wir" und beinhaltet eines der konstitutiven Elemente der EU: die Bürger, die Völker und die Staaten. Insoweit diese alle als Bestandteile der EU anerkannt werden, wird der „Streit", wer eigentlich die EU bildet, zugunsten einer Gleichordnung aller entschieden. Jeder Gruppe werden dabei unterschiedliche „Aufgaben" gegeben, durch die sie zum Bestehen und Leben der EU beitragen. Diese Dreiteilung wird in Artikel 1, in dem es um die Definition dessen geht, was die EU ist, sowie an anderen Stellen innerhalb der Verfassung aufgegriffen.

Gottesbegriff

Die Nennung „Gottes" im ersten Satz der Präambel erfolgt „neutral", d.h. in keinem Bezug zu einem bestimmten Gottesbegriff einer einzelnen Religion. Dies ist notwendig, da es in Europa keine Einheitsreligion gibt, sondern eine Vielzahl von Religionen und Weltanschauungen, die sich in Hinblick auf die Vorstellung eines jenseitigen Wesens bzw. Schöpfers der Welt mitunter gravierend unterscheiden. Diese Unterschiede betreffen dabei nicht nur die drei größeren monotheistischen Bekenntnisse (Christentum, Islam, Judentum), sondern vor allem auch andere Religionen, die erst in den letzten Jahrzehnten auf dem europäischen Kontinent gewisse Wurzeln gefasst haben (insbesondere diverse asiatische Religionen/Philosophien). Dass das Wort „Gott" in der Verfassung Erwähnung findet, hat seinen Grund darin, dass die verschiedenen Religionen und Weltanschauungen nach wie vor und trotz Säkularisierung und der im Prinzip vorhandenen Trennung von Religion und Staat einen großen gesellschaftlichen Einfluss haben. Sie sind in dem Sinne immer noch konstitutive Bestandteile der Gesellschaften Europas und für das gesellschaftliche Leben und seine weitere Entwicklung wichtig.

Die Neutralität des Gottesbegriffs hat jedoch noch eine weitergehende Implikation: Er ist ein eindeutiger Ausdruck dafür, dass die EU nicht nur eine beliebige Versammlung von Staaten ist, die sich mehr oder weniger zufällig zu einer Wirtschaftsgemeinschaft zusammengeschlossen haben, sondern darüber hinausgehend sich auch gemeinsamer Werte und Ansichten in Hinblick auf ein menschenwürdiges und friedliches Zusammenleben bewusst sind. In diesem Sinn ist die Nennung Gottes explizit nicht wertneutral und kann es auch nicht sein, da jede Religion oder Weltanschauung für bestimmte Werte eintritt, die das Zusammenleben von Menschen regeln sollen. Diese Regelungen laufen dabei letztlich immer auf die Schaffung und die Erhaltung eines bestimmten Wertes hinaus: dem des Friedens.

Dies wird insbesondere auch durch die Verknüpfung der Begriffe „Gott" und „Frieden" betont, wobei durch diese Verbindung hier weiterhin unterstrichen wird, dass dieser Friede nicht nur für die Angehörigen einer bestimmten Religions- oder Weltanschauungsgemeinschaft Geltung beansprucht, sondern es um umfassendes friedliches Zusammenleben aller Menschen gehen muss - ungeachtet des jeweiligen religiösen oder anderweitigen Bekenntnisses.

Schlagworte der Präambel

Der Begriff, der über allen anderen Begriffen der Präambel und der Verfassung steht, ist derjenige des Friedens. Am Anfang der europäischen Einigung stand der Wunsch nach Frieden für einen Kontinent, der über Jahrhunderte hinweg nur den Kampf zwischen den Nationalstaaten um die Vorherrschaft und die daraus resultierenden Kriege gesehen hatte. Dieser Wunsch des Friedens wurde in den letzten Jahrzehnten für einen Teil des Kontinentes verwirklicht. Für die Zukunft bietet sich die Möglichkeit, ihn auf alle Staaten Europas und eventuell auch darüber hinaus auszudehnen. Insoweit kann die EU wirklich ein Beispiel dafür sein, dass ein Zusammenleben der Menschen und vor allem eine produktive Zusammenarbeit der Staaten trotz aller Unterschiede möglich ist. In diesem Sinn wird die Schaffung des Friedens als „aktive" Aufgabe der EU auch an anderen Stellen der Verfassung festgeschrieben. Die Dimension des Friedens in Europa und der Welt gibt der EU damit eine weiter weisende Blickrichtung, mit der Maßgabe sich nicht nur auf den eigenen Kontinent zu beschränken, sondern auch den Blick für die globalen Zusammenhänge zu bewahren. „Friede" in diesem Sinn umfasst nicht nur die Abwesenheit von bewaffneten Konflikten, wenngleich dies als unmittelbarste Bedeutung gemeint ist, sondern auch die Bemühung um ein lebenswertes Zusammenleben.

Im letzten Absatz der Präambel werden – in bewusster Anlehnung an die Gedanken der Französischen Revolution – die der Verfassung zugrunde liegenden Werte durch die Schlagworte „Freiheit", „Gleichheit" und „gegenseitige Achtung" zusammengefasst und auch auf die beiden staatsrechtlichen „Werte" der Demokratie und der Rechtsstaatlichkeit bezogen. Im letzten Satz wird programmatisch betont, dass immer der einzelne Mensch mit seinem Recht auf Würde und Leben im Zentrum aller Betrachtungen der EU stehen muss.

Anleihen aus älteren Texten

Die Präambel greift in ihrem Wortlaut teilweise, aber nicht ausschließlich, die Präambeln anderer Verträge der Europäischen Gemeinschaften auf – insbesondere enthält sie wörtliche Übernahmen aus dem Vertrag, der am Anfang der europäischen Einigung steht: dem Vertrag zur Gründung der Europäischen Gemeinschaft für Kohle und Stahl. Die Anleihen sind bewusst gemacht worden, um so einen Bogen zu spannen, der von den Anfängen der europäischen Einigung bis zu ihrem vorläufigen „Abschluss", der vorliegenden Verfassung, reicht: Einen Bogen, der die herausragenden Punkte und Vertragswerke der europäischen Einigung aufgreift und die Verfassung darin einreiht.

Titel I: Definition und Ziele der Europäische Union

*Katharina Dahl (Artikel 2-6), Björn Hermann(Artikel 1-6)
und Robert Scherf (Artikel 2)*

Artikel 1 [Die Europäische Union]

Dieser Artikel enthält die wichtigen Definitionen dessen, was die EU ist bzw. als was „Europa" sich versteht (verstehen sollte). Die beiden wichtigsten Definitionen sind dabei in Abs. 2 und in Abs. 6 enthalten.

Absatz 2

Die schon in der Präambel enthaltene Dreiteilung in die „Bestandteile" der EU in Form von Staaten, Völkern und Bürgern wird hier wieder aufgegriffen und diese „Trinität" als konstitutives Element der EU ausdrücklich benannt. Alle drei zusammen bilden die Europäische Nation, wobei Nation als identitäts- und gemeinschaftsbildendes Merkmal gedacht ist. In diesem Sinn entspricht der Terminus nicht dem der Nation des 19. und 20. Jahrhunderts, sondern nimmt Bezug auf die Begrifflichkeiten des vorrevolutionären Europa: Die „natio" als römischer Begriff bezeichnete ursprünglich die Geburt oder Abstammung als Unterscheidungsmerkmal zwischen Personen. In einem erweiterten Sinn wurde dies zur Herkunftsbezeichnung, wobei die Kriterien für die jeweilige Zugehörigkeit regelmäßig variabel waren. Im mittelalterlichen Sprachgebrauch erweiterte sich dies dahingehend, dass „nationes" die europäischen Großvölker waren, die wiederum kleinere „nationes" oder „gentes" umfassen konnten; so wurden an den italienischen Universitäten in der „deutschen Nation" sowohl Baiern, Böhmen, Alemannen als auch andere „Völkerschaften" des Reiches zusammengefasst. Der dem im deutschen Sprachgebrauch am ehesten entsprechende Begriff wäre dabei wohl „Landsmannschaften". In diesem Sinn kann heute durchaus von einer Europäischen Nation gesprochen werden, der die verschiedenen Völker und (National-) Staaten angehören.

Im politischen Kontext beinhaltete der Begriff „nationes" diejenigen, die im „status politicus" oder in der Qualifikation der „societas civilis" standen. „Nation" bezeichnete damit die Gesamtheit der in den dafür vorgesehenen Institutionen handelnden Stände und schloss die nicht herrschenden Schichten , also im weitesten Sinn die (stimmrechtlosen) „Unterthanen" aus. In Erweiterung dieser Vorstellung und bezogen auf die demokratische Entwicklung der Staatswesen lässt sich die „Nation" heute als Gesamtheit derjenigen begreifen, die direkt oder indirekt an politischen Entscheidungen beteiligt sind, also im Prinzip die Gesamtheit der Bürger eines Staates. Bezieht man diese Bedeutung auf Europa und die EU, passt sie eigentlich recht gut, um den gegenwärtigen Zustand zu beschreiben: Die EU ist kein Staat, der im traditionellen Sinne als Nationalstaat definiert ist, sondern vielmehr ein Zusammenschluss von Menschen und Staaten, wobei die Zugehörigkeit durch die Qualität der Menschen als Bürger ihrer Heimatstaaten definiert ist. Die treffendste Beschreibung wäre demzufolge: Die EU ist eine Nation ohne Staat.

Die theoretische Gefahr der Reduzierung des Begriffsinhalts von „Nation" auf einzelstaatliche Wesenszüge ist dabei durch die Verbindung der Begriffe Nation und Europa weitestgehend ausgeschlossen: „Europa" enthält als Begriffsinhalt das notwendige überstaatliche Element. Eine direkte rechtliche Verfasstheit müsste für eine Nation in dem skizzierten Sinn nicht gegeben sein, jedoch gilt hier die allgemeine Regel, dass Nationen geistige Wesen sind; Gemeinschaften, die existieren, solange sie in den Köpfen und Herzen der Menschen sind, und die erlöschen, wenn sie nicht mehr gedacht und gewollt werden. [Definition von Ernst Renan nach Hagen Schulze, Staat und Nation in der Europäischen Geschichte, München ²1995, S. 110 f.] Demnach muss es immer wieder das Anliegen sein, Europa und die Arbeit der EU den Bürgern näher zu bringen, damit sie die Union bzw. Europa denken und befürworten und auf diesem Wege es wollen, annehmen und mit Leben füllen.

Absatz 6

Die zweite wichtige Definition findet sich in Abs. 6. Im Bewusstsein des Bedeutungswandels, den der Begriff „Europa" im Laufe seiner fast 3000jährigen Geschichte erfahren hat, wurde hier die Definition gegeben, was „Europa" für die EU ist: Europa ist jetzt nicht mehr nur eine Beschreibung einer Himmelsrichtung oder der ungenaue Name für einen Teil Eurasiens, sondern wird als Idee des Friedens definiert. Es ist dies der Friede, der von Anfang an das Ziel der Einigung Europas war und dessen Sicherung und Erhaltung auch weiterhin das höchste Ziel bleiben soll. Dabei ist mit Friede hier nicht – wie zuvor schon beschrieben - nur die Abwesenheit von Krieg, sondern auch das friedliche Zusammenleben der Menschen innerhalb der EU gemeint, wozu auch gewisse soziale Grundleistungen gehören. Das Unterfangen, Europa auf diese Weise zu definieren und auf jegliche „traditionelle" Methode wie z.B. die Geographie zu verzichten, mag auf den ersten Blick als sehr gewagt erscheinen. Bei näherer Betrachtung ist dies jedoch nicht der Fall: Für die ganz konkrete Frage des Beitritts zur EU finden sich in Artikel 123 ff. ausdrückliche Regelungen, in denen zur Definition derjenigen Staaten, die eine Aufnahme in die EU beantragen können, (notwendigerweise) auf die traditionellen Kriterien der Geographie und der Kulturbezug genommen wird. Daneben steht hier in Artikel 1 die eher abstrakte Definition, sozusagen der Gedanke, der allen, die Europa zugehörig sein wollen, inhärent sein muss. Es ist dies insoweit eine interne Definition, die natürlich auch Ausstrahlungswirkung nach außen hat. In Hinsicht auf die abstrakte Fassung des Begriffs Europa in nicht rein geographischen Maßstäben befindet sich die Definition sozusagen in guter Gesellschaft, da auch die geographische Dimension des Kontinents Europa seit einer ersten Erwähnung vor fast 3000 Jahren eine beständige Ausweitung erfahren hat, also nicht von Anfang an durch bestimmte Grenzen terminiert war. Vielmehr wurden mit der Ausbreitung des Weltbildes und der Kenntnisse über die „wahre" Gestalt des Kontinents, die Grenzen immer weiter verschoben, bis schließlich in der Neuzeit auch die skandinavischen Länder und Russland dazugezählt wurden, ganz zu schweigen von der Anerkennung des Osmanischen Reiches als einer insoweit europäischen Großmacht, als sie die Souveränität über große Gebiete des Balkans beanspruchte.

Staaten, Völker, Menschen

Die Absätze 3 bis 5 greifen die in Abs. 2 angesprochene Dreiteilung auf und versuchen, den Anteil der jeweiligen Gruppe an der Arbeit der EU zu beschreiben:

Die Mitgliedstaaten sind diejenigen, die der EU hoheitliche Befugnisse übertragen und sie dadurch auf internationaler Ebene erst handlungsfähig gemacht haben. Trotz der damit verbundenen Supranationalität der EU behalten die Mitgliedstaaten auch ausdrücklich eigene Befugnisse und sind nach wie vor das tragende Grundgerüst der EU; insoweit behalten und bewahren sie auch eine eigenständige nationale Identität.

Zu Europa gehören aber nicht nur die Staaten, sondern auch die Völker, wobei die Grenzen der „Siedlungsgebiete" nicht mit den Staatsgrenzen deckungsgleich sein müssen. Die Völker stellen einen erheblichen Träger von Kultur dar, selbst wenn es in der heutigen Zeit oftmals den Anschein hat, als seien die Gesellschaften in den Nationalstaaten und auch europaweit weitestgehend homogen. Die Völker dienen dabei vor allem auch als Kristallisationspunkte für die tägliche Erfahrung und Identifikation eines jeden Menschen, da Identität im Sinn einer Selbstdefinition regelmäßig im täglichen Umgang mit anderen Menschen geübt, gelebt und erlebt wird. Dazu gehört auch das Erleben der jeweils regionalen und/oder volksspezifischen Besonderheiten. Diese Besonderheiten beinhalten nicht nur die „großen" Unterschiede wie z.B. verschiedene Sprachen, sondern auch verschiedenes Brauchtum oder sogar einfach nur Mentalitätsunterschiede. Aus diesem Grund kommt den Völkern – absichtlich in diesem unspezifischen und ohne definitorische Begrenzung gebrauchten Sinn – eine große Bedeutung zu, die nicht unterschätzt werden darf. Die Identifikation der Bürger mit Europa vermittelt durch die Völker geschieht dabei auf einer relativ „unteren" Ebene.

Durch die Betonung der Grundlagen Europas mit der Nennung der Völker wird der Zusammenhang zwischen den geistigen „Wurzeln" Europas und einer wünschenswerten heutigen Identität hergestellt. Trotz aller Konflikte gibt es eine gemeinsame Geschichte, die Europa auch zu besonderen Leistungen in geistiger Hinsicht befähigt hat. Diese „geistigen Errungenschaften" sind es, die heute der verstärkten Betonung bedürfen, um die Gemeinsamkeiten der europäischen Kultur und Zivilisation als die eigentlichen Grundlagen der Union herauszustellen. Dazu gehören nicht zuletzt die genannten Grundsätze der Demokratie und Rechtsstaatlichkeit, durch die Freiheit, Sicherheit und Recht verwirklicht werden können.

Die Bürger sind die Grundelemente der Staaten und der Union, für sie wurde die Union einstmals gegründet, damit es keinen Krieg mehr auf diesem Kontinent geben sollte. Sie sind aufgerufen, aktiv die Union zu gestalten, indem sie am politischen Prozess teilhaben und teilnehmen. In diesem Sinn ist die EU eine Republik: Eine „res publica", also eine öffentliche Sache, die alle angeht; insoweit entspricht sie auch dem griechischen Bild der Polis, in der alle Bürger zur Teilnahme am politischen Leben nicht nur berechtigt, sondern auch verpflichtet waren. Für die Bürger existiert die Union; sie sind die Träger von Grundrechten aber auch von Pflichten, die sich aus ihrer Qualität als Bürger Europas ergeben.

Der Terminus „Bürger Europas" ist bewusst offen gehalten und besitzt keinen abschließenden Charakter. Von der einfachsten und grundlegendsten Bedeutung her wird damit der Unionsbürger bzw. der Staatsbürger eines Mitgliedstaates erfasst. In einer weitergehenden Bedeutung sind aber auch die Bürger derjenigen Staaten Europas eingeschlossen, die (noch) nicht der EU angehören. Auch für diejenigen, die sich zwar als Bürger Europas fühlen, aber nicht die Unionsbürgerschaft besitzen, kann dies noch als Identifikationsmerkmal Geltung haben.

Artikel 2 [Werte der Europäischen Union]

In diesem Artikel werden diejenigen Werte festgeschrieben, auf die sich die EU gründet und die von allen Mitgliedstaaten als verbindlich für das Zusammenleben ihrer Gesellschaften angesehen werden.

Artikel 3 [Ziele der Europäischen Union]

Die Zielsetzungen der EU orientieren sich teilweise an den bereits in Artikel 2 des Unionsvertrags genannten Zielen. Die hier aufgeführten Ziele sind als Leitlinien zu verstehen, deren genauere inhaltliche Ausführung in den einzelnen Artikeln dieser Verfassung oder in den bestehenden Verträgen der EU erfolgt.

Absatz 1

Nr. 1: Die immer engere Zusammenarbeit der europäischen Staaten bezeichnet das Streben nach der Verwirklichung einer europäischen Integration, die sich durch Kooperation und Abstimmung der Politiken, durch die Verständigung der Völker Europas untereinander und durch ein höchstmögliches Maß an Bürgernähe und Transparenz der Entscheidungen auszeichnet. Die Wahrung des Friedens in Europa ist dabei – wie in den Erläuterungen zur Präambel bereits dargelegt - das oberste Ziel dieser Verfassung und die Grundlage für ein friedliches Zusammenleben der Staaten, Völker und Bürger in Europa.

Nr. 2: Gemeinsame Grundlage der EU ist eine Wertegemeinschaft, deren Grundgedanken von allen Mitgliedstaaten ausnahmslos geteilt werden. Dabei sind insbesondere die in Artikel 2 dieser Verfassung genannten Werte zugrunde zu legen, wobei diese Aufzählung nicht abschließend ist und der Einbeziehung weiterer Wertmaßstäbe nicht entgegensteht.

Nr. 3: Unter den Interessen der EU sind alle Bereiche und Politiken zu verstehen, die zum erfolgreichen Fortbestand der EU beitragen. Es ist das Ziel aller Europäischen Mitgliedstaaten, diese Interessen zu schützen und weiter voranzutreiben.

Nr. 4: Ziel der EU ist eine unabhängige Gestaltung der eigenen Politik ohne direkte Einflussnahme von außen, d.h. durch andere Staaten. Die Ausbildung einer europäischen Identität, die selbstbewusst nach außen vertreten wird, verstärkt die Unabhängigkeit der EU. Der Begriff der „europäischen Identität" sowie dessen nähere Ausgestaltung werden bewusst offengelassen, da eine Begriffsbestimmung zum derzeitigen Zeitpunkt die künftigen Ausprägungen dieses Entwicklungsprozesses nicht zu erfassen vermag und mögliche Einschränkungen des Begriffs vermieden werden sollen. Die Verwirklichung einer gemeinsamen Europäischen Außen-, Sicherheits- und Verteidigungspolitik, welche im Einzelnen in Titel IX dieser Verfassung geregelt ist, stellt dabei ein wichtiges Instrument für eine unabhängige Politik der EU dar.

Nr. 5: Ziel der Politik der EU ist die Wahrung und Weiterentwicklung des bereits erreichten sozialen und wirtschaftlichen Standards in Europa. Die Unterschiede im Entwicklungsstand der verschiedenen Regionen und der Rückstand der am stärksten benachteiligten Gebiete oder Inseln sowie der ländlichen Gebiete sind zu verringern und im Sinne einer Harmonisierung an den Status der Gemeinschaft anzupassen.

Nr. 6: Stärkung und Ausbau des Binnenmarkts, die Vertiefung der Integration sowie die Annäherung der wirtschaftspolitischen Konzeptionen der Mitgliedstaaten werden über eine enge Koordinierung der Wirtschaftspolitik auf europäischer Ebene erreicht. Ausgangspunkt ist dabei die Festlegung gemeinsamer Ziele und das Verständnis von Wirtschaftspolitik als Angelegenheit von gemeinsamem Interesse unter der Prämisse der marktwirtschaftlichen Ordnung. Dabei ist eine Überwachung der Wirtschaftspolitik ebenso zu berücksichtigen wie die politische Koordinierung und Harmonisierung durch den Markt.

Nr. 7: Die Wahrung und der Schutz der Grundrechte der Bürger der EU sowie die Schaffung geeigneter Institutionen zur Überwachung dieser Rechte sind die Grundlage für ein friedliches und freiheitliches Zusammenleben in Europa. Nur die tatsächliche Wahrung und Durchsetzung der Grundrechte kann den Fortbestand der EU als Raum der Freiheit, der Sicherheit und des Rechts dauerhaft gewährleisten. Dieser Schutz der Rechte muss außerdem durch entsprechende Vertretungen der EU im Ausland bestehen.

Nr. 8: Ziel der EU und ihrer Mitgliedstaaten ist die unionsweite Harmonisierung der Lebensverhältnisse und die Verstärkung der Maßnahmen zum sozialen Schutz ihrer Bürger. Dazu gehören neben einem möglichst hohen Bildungs- und Beschäftigungsniveau die Einhaltung rechtsstaatlicher Prinzipien und die Gewährleistung eines hohen Maßes an Sicherheit und Rechtsschutz.

Nr. 9: Die Erhaltung der Umwelt und die Verbesserung ihrer Qualität genießen hohe Priorität innerhalb der EU. Dazu gehören der Schutz der menschlichen Gesundheit, die umsichtige und rationelle Verwendung natürlicher Ressourcen sowie die Förderung von Maßnahmen auf internationaler Ebene zur Bewältigung regionaler oder globaler Umweltprobleme.

Nr. 10: Zur Verbesserung der industriell-technologischen Wettbewerbsfähigkeit der EU gehört die gezielte Förderung technologischer und wissenschaftlicher Projekte und Einrichtungen.

Nr. 11 und Abs. 2: Ziel der EU ist die Wahrung und der Ausbau des derzeitigen Entwicklungsstands der Gemeinschaft mit all ihren Errungenschaften (aquis communautaire). Die Weiterentwicklung der Integration beinhaltet auch die Eingliederung von Menschen, die nicht die Unionsbürgerschaft besitzen. Die Interessen der Mitgliedstaaten sowie deren vorrangige Zuständigkeiten in einzelnen Politikbereichen sind bei der Umsetzung der genannten Ziele hinreichend zu berücksichtigen (Subsidiaritätsprinzip).

Artikel 4 [Rechtspersönlichkeit]

Der EU wird ausdrücklich eine eigene Rechtspersönlichkeit zuerkannt, was die Streitigkeiten darüber löst, ob die EU eine solche besitzt. Dazu kommt die damit verbundene Frage der Zuerkennung der (internen) Rechtsfähigkeit.

Interne Rechtspersönlichkeit

Die interne Rechtspersönlichkeit beinhaltet, dass die Organe der EU in der Lage sind, eine eigenständige Willensbildung zu betreiben und diesen Willen auch gegenüber den Mitgliedstaaten durchzusetzen. Als Mittel zu dieser Durchsetzung dienen der EU dabei die in den Titel IV bis IX beschriebenen Kompetenzen und Instrumentarien; dies beinhaltet natürlich in erster Linie die Möglichkeiten, Gesetze mit Geltung für alle Mitgliedstaaten zu erlassen, geht durch die in Titel IX festgeschriebenen außenpolitischen Maßnahmen aber weit darüber hinaus. Zentrales Willensbildungsorgan ist die Europäische Kommission, wenngleich die von der Kommission getroffenen Entscheidungen regelmäßig durch das Europäische Parlament bestätigt werden müssen. Eine weitere deutliche Maßnahme, dass die Mitgliedstaaten durch die Entscheidungen der EU gebunden werden, stellt die Möglichkeit der Aussetzung von Mitgliedschaftsrechten gemäß Artikel 125 dar. Diese Aussetzung ist ein einseitiges Instrument der EU, da dem jeweils betroffenen Mitgliedstaat nach rechtmäßig erfolgter Aussetzung der Rechte keine Möglichkeiten der Einflussnahme zustehen, er hingegen die sich durch die Mitgliedschaft in der EU ergebenden Verpflichtungen weiterhin erfüllen muss.

Interne Rechtsfähigkeit

Die in Abs. 2 beschriebene Rechtsfähigkeit entspricht wortgleich dem Artikel 282 EGV, so dass die diesbezüglichen Entscheidungen und Kommentierungen insoweit weitere Geltung haben.

Externe Rechtspersönlichkeit

Zu der internen Rechtspersönlichkeit und -fähigkeit tritt die der externen Rechtspersönlichkeit. Die EU wird ausdrücklich durch die Mitgliedstaaten als Völkerrechtssubjekt anerkannt, was eine Ausweitung ihrer Befugnisse auf internationaler Ebene bedeutet. Die EU wird in Hinblick auf diese Befugnisse die Rechtsnachfolgerin der Europäischen Gemeinschaft(en), was durch die ausdrückliche Nachfolgeregelung in internationale Verträge in Abs. 4 hervorgehoben wird. Nichtsdestotrotz bedarf dies dem Völkergewohnheitsrecht zufolge nach wie vor die Anerkennung durch andere Völkerrechtssubjekte, die nicht Mitgliedstaaten der EU sind. Insoweit aber die EG als Völkerrechtssubjekt weitgehend anerkannt ist, dürfte dies für die EU als Nachfolgerin keine größeren Hindernisse aufwerfen. Mit der Zuerkennung der Völkerrechtssubjektivität übernimmt die EU alle sich daraus ergebenden Rechte und vor allem auch Pflichten. In Hinblick auf das sich noch ergebende Problem der mangelnden auf das sich noch ergebende Problem der mangelnden Territorialhoheit könnte entweder wieder auf die „Hilfe" und „Mitwirkung" des Sitzstaates Belgien zurückgegriffen werden oder aber darauf abgestellt werden, dass die Konstruktion der EU in ihrer aktuellen Gestalt keine reine Internationale Organisation mehr darstellt, sondern quasi staatliche Züge aufweist. Dies würde beinhalten, dass die EU kraft dieser „staatlichen" Gewalt auch eine zumindest partielle Hoheit über das Territorium ihrer Mitgliedstaaten besitzt.

Titel II: Unionsbürgerschaft und Grundrechte

Katharina Dahl (Artikel 7-59), Björn Herrmann (Artikel 7-59) und Peter Ittenbach (Artikel 5, 6, 7-59)

Artikel 5 [Unionsbürgerschaft]

Dieser Artikel sieht keine Änderung der bisherigen Regelungen zur Unionsbürgerschaft in Artikel 17 EGV vor; so dass die diesbezüglichen Entscheidungen und Kommentierungen insoweit weiterhin Geltung haben.

Artikel 6 [Die Geltung der Grundrechte]

Absatz 1 nimmt Bezug auf die Trinität Staaten, Völker und Bürger Europas. Sie alle verpflichten sich, die nachfolgenden Grundrechte anzuerkennen. In den Artikeln 7 bis 59 der Verfassung wurden die Bestimmungen der Charta der Grundrechte, die die Übereinstimmung der Mitgliedstaaten in Hinblick auf maßgebliche Grund- und Menschenrechte wiedergibt, wortwörtlich aufgenommen, wobei es an einigen Stellen jedoch sprachliche Änderungen gab. Der bisher unverbindliche Status der Charta der Grundrechte wird dadurch aufgehoben, womit die Grundrechte Verfassungsrang erhalten. Die Grundrechtsgeltung ist eingeschränkt auf die Organe der Union sowie die Mitgliedstaaten bei der Durchführung von Unionsrecht. Eine Geltung im nationalen Rechtsrahmen ist zunächst nicht vorgesehen, wenngleich eine weitergehende Geltung der Grundrechte angestrebt wird, da dies den Charakter der Union als Wertegemeinschaft verstärkt. Eine direkte Umsetzung der Unionsgrundrechte in nationalstaatliches Recht steht den derzeitigen Politiken der Mitgliedstaten in vielen Bereichen noch entgegen.; daher wird eine schrittweise Umsetzung und Anpassung der nationalen Rechtsordnungen an die Grundrechte dieser Verfassung angestrebt. Die Umsetzung soll bis zum Jahr 2020 erfolgen, um den Mitgliedstaaten einen ausreichenden zeitlichen Rahmen zu gewähren.

Eine Einklagbarkeit im Sinne einer „Verfassungsbeschwerde", wie sie die deutsche Rechtsordnung kennt, ist nicht vorgesehen; es steht aber jedem Mitgliedstaat frei, eine solche Einklagbarkeit in die nationale Rechtsordnung aufzunehmen. Es bleibt auch der EU überlassen, zu einem späteren Zeitpunkt im Rahmen einer Verfassungsänderung eine Individualklage aufgrund einer möglichen Grundrechtsverletzung einzuführen.

Artikel 7 -59 [Charta der Grundrechte]

Auf eine ausführliche Kommentierung der einzelnen Artikel wurde hier verzichtet, da die Bestimmungen weitestgehend für sich selbst sprechen bzw. Rechtsvorschriften aufgreifen, die u.a. schon in der Europäischen Menschenrechtskonvention enthalten sind. Auf die entsprechenden Regelungen und Entscheidungen sei hiermit nur summarisch verwiesen.

Titel III: Die Institutionen der Europäischen Union

Rebecca Schaal (Artikel 60-72, 75), Kathrin Sowada (Artikel 60-72, 75) und Charles Wirtz (Artikel 73, 74)

Seit der Gründung der EU fand ein schrittweises Anwachsen ihrer Mitglieder von sechs auf fünfzehn ohne grundlegende institutionelle Reformen statt. Nun steht die EU vor der bisher größten Erweiterung ihrer Geschichte. Ab 2004 sind zehn weitere Staaten Mitglieder der Union. Um die zukünftige Handlungsfähigkeit einer „EU der 25" garantieren zu können, ist eine Reform des Institutionengefüges dringend erforderlich.

Zugleich gilt es, mit der Reform einem bestehenden Demokratiedefizit entgegen zu wirken. Gegenwärtig wird der EU vor allem ein „parlamentarisches Demokratiedefizit" attestiert. Zum einen, weil die zentralen Entscheidungen im Ministerrat, welcher nur mittelbar über nationale Wahlen legitimiert ist, und nicht im unmittelbar durch Direktwahl legitimierten Europäischen Parlament getroffen werden. Zum anderen, weil von der europäischen Ebene keine Rückkoppelung an die nationalen Parlamente stattfindet.

Hinzu kommt ein „strukturelles Demokratiedefizit", welches vor allem auf mangelnder Bürgernähe, geringer Transparenz des europäischen Entscheidungsprozesses und unzureichenden intermediären Instanzen wie europäischen Parteien, Verbänden und Medien beruht.

Die Organe der Union müssen demnach zukünftig in größerem Maße folgenden Anforderungen genügen:

Transparenz

Klare Kompetenzzuweisungen zwischen den Organen und Kompetenztrennungen zwischen den verschiedenen Gemeinschaftsebenen müssen getroffen werden. Darunter fällt auch eine strikte Trennung von Exekutive und Legislative, damit die europäischen Bürger politische Entscheidungen besser nachvollziehen können. Sitzungen des Europäischen Parlaments als Vertretung der europäischen Bevölkerung finden zukünftig öffentlich statt und die Organe der EU besitzen eine Informationspflicht gegenüber den Bürgern (Petitionsrecht, Bürgerbeauftragter).

Effizienz

Die Reform des Institutionengefüges und deutliche Kompetenzzuweisungen sowie zeitliche Straffung (z.B. im Gesetzgebungsprozess) und Entbürokratisierung sollen die Arbeit der EU effizienter und für die Bürger nachvollziehbarer gestalten.

Demokratie

Die EU muss sich verstärkt einer internen Demokratieordnung verschreiben. Zum einen müssen die Legislativorgane der EU, das Europäische Parlament und die Europäische Staatenkammer, direkt oder mittelbar durch die europäischen Bürgerinnen und Bürger demokratisch legitimiert werden. Zum anderen müssen innerhalb des Institutionengefüges die demokratischen Prinzipien der Gewaltenteilung und der gegenseitigen Kontrolle gezielter verwirklicht werden. Diese Forderungen finden nun unter anderem in der strikten Trennung zwischen Exekutive und Legislative, der Abberufbarkeit der Kommission durch das Parlament sowie wechselseitiger Informationspflicht und Anhörungsrecht ihre Umsetzung.

Zentrale Überlegung bei der Reformierung des Institutionengefüges war es darüber hinaus, der föderalistischen Ausrichtung des europäischen politischen Systems gerecht zu werden. Da die EU ein Zusammenschluss souveräner Nationalstaaten ist, muss diesen die Möglichkeit gegeben werden, über die Europäische Staatenkammer nationale Interessen auf europäischer Ebene zu artikulieren und zu implementieren. Dezentrale, föderalistische Strukturen sollen des Weiteren die Mitsprache von Gebietskörperschaften unterhalb der nationalstaatlichen Ebene am europäischen politischen Prozess gewährleisten. Im europäischen

Mehrebenensystem findet dies durch den Ausschuss der Regionen seine Umsetzung.

Neben diesen zentralen Punkten wird bei der Neustrukturierung des politischen Systems des Weiteren auf eine zukünftig insgesamt supranationalere Ausrichtung der EU Wert gelegt. Explizit findet dies seine Umsetzung in der Stärkung des Europäischen Parlaments auf Kosten der Europäischen Staatenkammer und in der Reduzierung des Einflusses des Europäischen Rates. Mit dem Europäischen Parlament und der Europäischen Kommission stehen zukünftig zwei ausschließlich europäisch ausgerichtete Institutionen im Zentrum des politischen Systems. Das Zurückdrängen des Einflusses der Nationalstaaten auf der europäischen Ebene unterstreicht das Bekenntnis zu einer Weiterführung des europäischen Integrationsprozesses und zu einer Vertiefung der Union.

Das Europäische Parlament

Das Europäische Parlament als die stärker gewichtete Kammer im Zwei-Kammern-System setzt sich aus 693 Abgeordneten zusammen. Gemäß der Realisierung des Artikels 190 EGV werden diese nach einem einheitlichen unionsweiten Wahlmodus gewählt. Ein Drittel der Sitze wird entsprechend der Bevölkerungsgröße gewichtet und auf die Mitgliedstaaten verteilt. Die jedem Nationalstaat zustehende Anzahl von Sitzen ist in der Wahlordnung fest zu schreiben (siehe Kommentar Titel VI). Die restlichen zwei Drittel der Sitze werden über unionsweite Listen vergeben.

Innerhalb des Institutionengefüges erfährt das Europäische Parlament eine Stärkung. Diese kann zum einen dadurch begründet werden, dass das Europäische Parlament als einzige europäische Institution eine direkte Legitimation durch die Bürger erfährt. Zum anderen wird dadurch der insgesamt supranationaleren Ausrichtung der EU Rechnung getragen.

Obwohl das Parlament ins Zentrum des Institutionengefüges rückt, kann nicht von einer vollständigen Parlamentarisierung des europäischen politischen Systems gesprochen werden. Um das nationalstaatliche Modell der parlamentarischen Demokratie auf das europäische System übertragen zu können, müsste eine europäische Regierung existieren, der das Europäische Parlament als Mehrheitsbeschaffer dienen würde. Außerdem bedürfte es gut organisierter europäischer Parteien und einer europäischen Öffentlichkeit. Diese Voraussetzungen sind in der Realität momentan (noch) nicht gegeben.

In seiner grundlegenden Konzeption würde der vorliegende Entwurf jedoch eine Entwicklung hin zu einem parlamentarischen Regierungssystem ermöglichen. Zum einen wäre denkbar, dass die Kommission irgendwann als europäische Regierung mit dem Parlament als ihrem Mehrheitsbeschaffer fungieren könnte. Mit der Wahl des Kommissionspräsidenten durch Parlament und Staatenkammer auf Vorschlag des Parlaments wurde dafür bereits der Grundstein gelegt. Zum anderen wurde mit der Möglichkeit der Abberufung der Kommission durch das Parlament mittels eines Misstrauensvotums bereits ein zentrales Merkmal parlamentarischer Regierungssysteme übernommen. Des Weiteren könnte der konzipierte einheitliche unionsweite Wahlmodus zur Herausbildung einer europäischen Parteienlandschaft beitragen und dadurch eine mögliche Parlamentarisierung des europäischen politischen Systems voran treiben.

Die Stärkung des Europäischen Parlaments kann zudem damit begründet werden, dass das Europäische Parlament aufgrund seiner direkten Legitimation innerhalb des Institutionengefüges noch am ehesten dazu in der Lage ist, identitätsstiftend für die EU zu wirken. Wenn das direkt gewählte Europäische Parlament die zentrale Institution ist, steigert dies zugleich die Einflussmöglichkeiten der Wähler und damit deren Anreiz, zur Wahl zu gehen. Dies wiederum impliziert einen Schritt hin zu mehr Bürgernähe der Union.

Die Stärkung des Europäischen Parlaments schlägt sich vor allem in seiner Stellung im Gesetzgebungsverfahren nieder. Agierte das Europäische Parlament bisher innerhalb der drei Verfahren der Anhörung, der Zustimmung und der Mitentscheidung lediglich im Verfahren der Mitentscheidung gleichberechtigt mit dem Ministerrat, so nimmt es nun die zentrale Rolle im Gesetzgebungsverfahren ein. Im Bereich der ausschließlichen Gesetzgebung der EU kann das Europäische Parlament letztendlich alleine Gesetze erlassen, da es die Änderungsvorschläge der Staatenkammer überstimmen kann.

Im Institutionengefüge der EU kontrolliert das Europäische Parlament die Exekutive, die Europäische Kommission. Als stärkstes Instrument zur Ausübung seiner Kontrollfunktion besitzt das Europäische Parlament die Möglichkeit, dem Kommissionspräsidenten das Misstrauen auszusprechen. Das Misstrauensvotum erfolgt gegen den Kommissionspräsidenten, denn aufgrund der Tatsache, dass er die Kommissare in eigener Verantwortung ernennt, hat er, daraus folgend, auch das Handeln der Kommission zu verantworten. Es ist seine Aufgabe, innerhalb der Kommission die Arbeit der Kommissare zu koordinieren und zu kontrollieren und Kommissare im Falle missbräuchlicher Amtsführung zu entlassen. Ein erfolgreiches Misstrauensvotum gegen den Kommissionspräsidenten bescheinigt demzufolge, dass er dieser Aufgabe nicht nachgekommen ist. Aufgrund ihrer

Abhängigkeit vom Präsidenten impliziert ein erfolgreiches Misstrauensvotum zugleich eine Rücktrittsverpflichtung der gesamten Kommission. So handeln die einzelnen Kommissare stets in Verantwortung vor dem Kommissionspräsidenten und die Kommission als Ganzes in Verantwortung vor dem Europäischen Parlament.

Das Europäische Parlament und die Europäische Staatenkammer handeln im Gesetzgebungsverfahren als Korrektiv zueinander. Denn Gesetze im Bereich der Rahmengesetzgebung und der konkurrierenden/ geteilten Gesetzgebung bedürfen der Zustimmung beider Kammern und deshalb gegebenenfalls eines Kompromisses im Vermittlungsausschuss. Über all dem stehend wacht der Europäische Gerichtshof über die Einhaltung der Verfassung, der Verfahren und der Gesetze. Aus diesen Gründen kann innerhalb der EU von einem System der „Checks and Balances" gesprochen werden.

Die zentrale Rolle des Europäischen Parlaments im Institutionengefüge kommt des Weiteren darin zum Ausdruck, dass es den Kommissionspräsidenten vorschlägt und ihn zusammen mit der Europäischen Staatenkammer jeweils mit absoluter Mehrheit wählt.

Die Europäische Staatenkammer

Die zweite Kammer, die Europäische Staatenkammer, ist die Vertretung der nationalen Exekutiven auf europäischer Ebene. Dennoch ist sie eine europäische Institution und damit in erster Linie den Interessen der EU verpflichtet.

In dieser Europäischen Staatenkammer ist jeder Mitgliedstaat durch einen Repräsentanten vertreten, der jeweils durch das nationale Parlament bestimmt wird. Aus diesen beiden Bestimmungen ergibt sich als logische Konsequenz, dass die Parlamentsmehrheit ein Mitglied der von ihr getragenen Regierung entsenden wird. Zum einen werden für die Nationalstaaten wichtige Entscheidungen zunehmend auf europäischer Ebene getroffen, was eine Rückkoppelung an die nationalen Exekutiven erforderlich macht. Zum anderen liegt die Entsendung eines nationalen Ministers nahe, weil er dazu befugt ist, für die Regierung des jeweiligen Mitgliedstaats verbindlich zu handeln. Innerhalb der nationalen Regierungen fallen europapolitische Fragen im weitesten Sinne in den Zuständigkeitsbereich des Außen- oder Europaministers, weshalb von dessen Entsendung ausgegangen werden kann. Als beratende Gremien stehen ihnen die bisherigen Fachministerräte zur Seite.

Jeder nationalstaatliche Vertreter gilt zukünftig zwar als ständiges Mitglied der Staatenkammer, jedoch kann nicht davon ausgegangen werden, dass er, bei gleichzeitiger Wahrnehmung eines Amtes als Regierungsvertreter, auf europäischer Ebene ständig präsent sein kann. Vor diesem Hintergrund wird auf den Ausschuss der Ständigen Vertreter der Regierungen der Mitgliedstaaten (COREPER) zurückgegriffen. Zukünftig können die Ständigen Vertreter nach Rücksprache mit den nationalen Regierungen stellvertretend für die Mitglieder der Staatenkammer abstimmen.

Jeder Mitgliedstaat ist zwar nur durch einen Repräsentanten vertreten, jedoch werden deren Stimmen entsprechend der Bevölkerungsstärke ihres Nationalstaates gewichtet:

0 – ausschließlich	6 Mio.	Einwohner:	2 Stimmen
6 – ausschließlich	12 Mio.	Einwohner:	3 Stimmen
12 – ausschließlich	25 Mio.	Einwohner:	4 Stimmen
25 – ausschließlich	50 Mio.	Einwohner:	5 Stimmen
50 – ausschließlich	75 Mio.	Einwohner:	6 Stimmen
75 Mio. und mehr		Einwohner:	7 Stimmen

Daraus ergibt sich folgende Stimmengewichtung:

Deutschland:	7
Großbritannien:	6
Frankreich:	6
Italien:	6
Spanien:	5
Niederlande:	4
Griechenland:	4
Belgien:	4
Portugal:	4
Schweden:	3
Österreich:	3
Finnland:	3
Irland:	2
Luxemburg:	2
Polen:	5
Tschechien:	4
Ungarn:	4

Slowakei: 3
Litauen: 2
Lettland: 2
Slowenien: 2
Estland: 2
Zypern: 2
Malta: 2

Dieser Verteilungsschlüssel wurde aus zwei Gründen gewählt: Zum einen aus repräsentativen Gründen, denn es soll der Tatsache Rechnung getragen werden, dass ca. drei Viertel der Mitgliedstaaten nur eine Bevölkerung von bis zu 12 Millionen Einwohnern besitzen, während zwischen den Bevölkerungszahlen der übrigen Länder größere Abstände liegen. Zum anderen aus einem demographischen Grund: Um der Arbeit der Staatenkammer Kontinuität zu verleihen, soll verhindert werden, dass sich aufgrund von Bevölkerungswachstum bzw. -rückgang die Stimmenverhältnisse in naher Zukunft ändern.

Durch die Stimmgewichtung können die Staaten ihre Interessen in unterschiedlichem Maße geltend machen. Trotzdem ist eine Blockbildung von kleinen Staaten einerseits und großen Staaten andererseits ausgeschlossen. Weder die sieben größten, noch die 17 kleinsten Länder können jeweils zusammen die absolute Mehrheit erreichen. Dies macht deutlich, dass die Arbeit in der Staatenkammer darauf ausgerichtet ist, Kompromisse zu finden, die von allen Staaten getragen werden können. In der Europäischen Staatenkammer als Vertretung der Nationalstaaten findet ein Ausgleich zwischen den Einzelinteressen der Mitgliedstaaten und dem Gemeinschaftsinteresse statt. Hier können die Nationalstaaten ihre Positionen im europäischen Entscheidungsprozess artikulieren.

Die Einbeziehung der nationalen Exekutiven als Vertreter der nationalen Ebene im europäischen Mehrebenensystem erscheint auch im Zusammenhang mit dem Subsidiaritätsprinzip sinnvoll. Trotz einer insgesamt supranationaleren Ausrichtung des europäischen Institutionengefüges soll eine Rückkoppelung an die nationalen Regierungen stattfinden. Als eine intergouvernementale Institution fungiert die Staatenkammer deshalb als Korrektiv zu den supranationalen Organen Kommission und Parlament. Dies stellt sicher, dass auf europäischer Ebene getroffene Entscheidungen auch von den Nationalstaaten getragen werden können. Um die in der Verfassung festgeschriebenen Zuständigkeitsbereiche zu wahren, erhalten das Europäische Parlament, die Europäische Staatenkammer und der Ausschuss der Regionen stellvertretend für die europäische, die nationale sowie die lokale und regionale Ebene bezüglich des Subsidiaritätsprinzips ein

Klagerecht beim Europäischen Gerichtshof. Dieser hat darüber zu entscheiden, welche Ebene für die Ausübung der Kompetenzen verantwortlich ist.

Die Europäische Kommission

Die doppelte Legitimation durch Parlament und Staatenkammer begründet die starke Stellung des Kommissionspräsidenten sowohl innerhalb der Kommission als auch des gesamten Institutionengefüges. Zum einen ernennt er in eigener Verantwortung die Kommissare, zum anderen stellt der Kommissionspräsident den obersten Repräsentanten der EU dar. Er soll als Integrationsfigur für die EU wirken, denn wenn die europäischen Bürgerinnen und Bürger mit der EU nicht mehr nur ein abstraktes bürokratisches Gebilde, sondern eine Person assoziieren, erzeugt dies mehr Bürgernähe. Des Weiteren hat der Kommissionspräsident die politische Führung über die Kommission inne. Darüber hinaus legt er auch die allgemeinen Leitlinien der Gemeinschaft fest, besitzt also die Richtlinienkompetenz. Damit erhält die Frage des früheren amerikanischen Außenministers Henry Kissinger: „Who do you call if you want to call Europe?" eine Antwort: den Kommissionspräsidenten!

Es obliegt dem Kommissionspräsidenten, für welche Ressorts er Kommissare einsetzt. Allerdings sollte auch die Größe der zukünftigen Kommission 20 Mitglieder nicht überschreiten. Dadurch wird Abstand von der Regelung genommen, dass jeder Mitgliedstaat mindestens einen Kommissar stellt. Dies hat zwei Gründe: Zum einen werden in einer Kommission mit 20 Mitgliedern bereits alle zentralen Ressorts abgedeckt. Zum anderen soll unterstrichen werden, dass die Europäische Kommission eine ausschließlich europäisch ausgerichtete Institution darstellt. Deshalb ist die Entsendung eines Kommissars aus jedem Nationalstaat nicht erforderlich. Vielmehr sollte statt der Nationalität die Befähigung der einzelnen Kommissare im Vordergrund stehen.

Die Kommission übt innerhalb der EU die exekutive Funktion aus. Vor allem im Gesetzgebungsverfahren wurde die Gewaltenteilung zwischen Exekutive und Legislative verwirklicht und als Konsequenz daraus die Kompetenzen der Kommission reduziert. Ihr bisheriges alleiniges Gesetzesinitiativrecht teilt sie sich nun mit dem Europäischen Parlament und der Europäischen Staatenkammer. Die Europäische Kommission überprüft Gesetzesinitiativen auf ihre Vereinbarkeit mit den grundlegenden Zielen der Union und begleitet das Gesetzgebungsverfahren mit unverbindlichen Stellungnahmen. Aktiv wird die Kommission nur als Schlichter im Vermittlungsausschuss.

Der Europäische Rat

Vor dem Hintergrund einer zukünftig supranationaleren Ausrichtung des politischen Systems findet eine Stärkung der ausschließlich europäisch ausgerichteten Institutionen auf Kosten der intergouvernementalen Organe statt. Deshalb ist auch eine Neupositionierung des Europäischen Rates erforderlich. Da der Europäische Rat rechtlich gesehen bisher kein Organ der EU, sondern „extrakonstitutionell" angesiedelt war, erhält er zukünftig zwar Verfassungsrang, ist aber dennoch außerhalb des zentralen Institutionendreiecks Parlament – Staatenkammer – Kommission zu positionieren. Damit geht eine Reduzierung seiner Einflussmöglichkeiten einher.

Legte der Europäische Rat bisher die allgemeinen politischen Zielvorstellungen für die Entwicklung der EU fest, so wird diese Aufgabe zukünftig der Präsident der Europäischen Kommission wahrnehmen, denn ihm wird die Richtlinienkompetenz zugestanden. Auch die Bestimmung der Grundsätze und der allgemeinen Leitlinien der Gemeinsamen Außen- und Sicherheitspolitik wird der Europäischen Kommission übertragen. Der Europäische Rat hat auf die Ernennung des Kommissionspräsidenten keinen Einfluss mehr, da dieser ausschließlich Europa verpflichtet ist und deshalb zukünftig auf Vorschlag des Europäischen Parlaments von diesem und der Europäischen Staatenkammer jeweils mit absoluter Mehrheit gewählt wird.

Zentrale Aufgabe des Europäischen Rates wird es aber nach wie vor sein, der Union die für ihre Entwicklung erforderlichen Impulse zu geben. Die Staats- und Regierungschefs der Nationalstaaten werden somit bei wesentlichen Aufgaben der EU, wie z.B. dem Beitritt neuer Länder, Einfluss auf die Gestaltung der Union nehmen. Die Aufnahme neuer Mitgliedstaaten bedarf der Zustimmung des Europäischen Rates. In erster Linie deshalb, weil mit grundlegenden Entscheidungen wie der Aufnahme neuer Mitgliedstaaten oftmals finanzielle Aufwendungen seitens der Nationalstaaten verbunden sind. Somit ist die Rückkopplung an die Staats- und Regierungschefs gerechtfertigt. Diese dürfen bzw. sollen der Europäischen Kommission auch generelle Vorschläge für die weitere Entwicklung der Union unterbreiten. Ob und inwieweit diese Impulse dann umgesetzt werden, obliegt jedoch den supranationalen europäischen Institutionen.

Die Entscheidung für eine Schwächung des Europäischen Rates hat mehrere Gründe. Es wurde bereits bei den Erläuterungen zur Europäischen Staatenkammer deutlich gemacht, dass über diese eine Rückkopplung an die nationalen Parlamente und Regierungen stattfindet. Dies garantiert zum einen, dass Entscheidungen der Staatenkammer auch von den Staats- und Regierungschefs getragen werden können. Zum anderen ist dadurch bereits implizit eine Beteiligung der Staats- und Regierungschefs an europäischen Entscheidungsprozessen gesichert.

Deshalb werden die Funktionen des Rates auf Zustimmung zu wichtigen Entscheidungen wie z.b. neue Beitritte, Beratung, Zusammenarbeit und das Liefern wichtiger Impulse reduziert.

Die Treffen der Staats- und Regierungschefs sind vor diesem Hintergrund trotzdem beizubehalten, um die einzelnen Positionen und Zielvorstellungen zu koordinieren und gemeinsame Impulse zu formulieren. Außerdem dienen die Treffen der Staats- und Regierungschefs dazu, deren europäisches Engagement zu demonstrieren und aufgrund der starken Medienpräsenz den Bürgern europapolitische Geschehnisse näher zu bringen.

Allerdings wird das halbjährige Rotationsprinzip abgeschafft. Aus den Reihen der Staats- und Regierungschefs wird zukünftig ein Vorsitzender des Rates für die Dauer von zweieinhalb Jahren gewählt. Dies soll zum einen die Handlungsfähigkeit des Rates stärken und seiner Arbeit einen gewissen Grad an Kontinuität verleihen.

Europäische Zentralbank (EZB)

Im Artikelentwurf zur Europäischen Zentralbank wird größtenteils an der bisherigen Struktur und an dem Mandat der Europäischen Zentralbank (EZB), wie sie in Titel VII des EG-Vertrages und in der Satzung der EZB geregelt sind, festgehalten. Gründe hierfür sind die Anlehnung der EZB-Struktur an die lange Zeit sehr erfolgreiche Deutsche Bundesbank, die ausgeprägt föderale Struktur der EZB (da die Währungspolitik im Euro-Raum in die ausschließlichen Kompetenzen der EU fällt) und ihre zufriedenstellende Aufgabenerfüllung. Das Hauptziel der EZB soll weiterhin die Erhaltung der Stabilität der europäischen Währung (Euro) bleiben. Neu ist allerdings, dass die Mitglieder des EZB-Direktoriums durch Bestätigung des Europäischen Parlaments eine demokratische Legitimation erfahren. Das Parlament kann also die Kandidaten, die durch die Regierungschefs der Mitgliedstaaten vorgeschlagen werden, ablehnen.

Artikel 73

(1) Die EZB hat die Aufgabe die europäische Währungspolitik festzulegen und auszuführen. Mit „europäischer Währungspolitik" ist die Währungspolitik für den Euro-Raum gemeint. Diese wird zusammen mit dem Europäischen System der Zentralbanken (ESZB), das aus der EZB und den Zentralbanken der Mitgliedstaaten der Währungsunion besteht, festgelegt.

Durch das ausschließliche Recht, die Ausgabe von Zahlungsmitteln innerhalb der Mitgliedstaaten zu genehmigen, steuert die EZB die Geldmenge des Euros. Die nationalen Zentralbanken der Mitgliedstaaten können als nationale Niederlassungen der EZB angesehen werden.

(2) Das vorrangige Ziel der EZB ist die Preisniveaustabilität; sie ist also für die Stabilität der europäischen Währung verantwortlich. Die Unterstützung der allgemeinen Wirtschaftspolitik der Union, deren Ziele in diesem Verfassungsentwurf präzisiert sind, geht also nur soweit, wie dies ohne Beeinträchtigung des Stabilitätszieles möglich ist.

(3) Die Ausstattung der EZB mit Rechtspersönlichkeit ist für ihre Handlungsfähigkeit erforderlich. Laut Artikel 9 Abs. 1 der Satzung der EZB besitzt sie „in jedem Mitgliedstaat die weitestgehende Rechts- und Geschäftsfähigkeit, die juristischen Personen nach den Rechtsvorschriften zuerkannt ist; sie kann insbesondere bewegliches und unbewegliches Vermögen erwerben und veräußern sowie vor Gericht stehen".

Die Unabhängigkeit der EZB wird als wichtige Voraussetzung für ihre Aufgabenerfüllung angesehen. Neben der institutionellen Unabhängigkeit soll die EZB funktionell, personell sowie finanziell unabhängig sein. Weder die EZB, noch eine nationale Zentralbank, noch ein Mitglied ihrer Beschlussorgane darf bei der Wahrnehmung ihrer Befugnisse, Aufgaben und Pflichten, Weisungen von Unionsorganen, Regierungen der Mitgliedstaaten oder anderen Stellen einholen oder entgegennehmen. Die EZB entscheidet frei über Auswahl und Einsatz geldpolitischer Instrumente. Personelle Unabhängigkeit beinhaltet, dass die Auswahl der Mitglieder der EZB-Organe allein nach fachlicher Kompetenz erfolgen soll.

(4) Die EZB muss der Kommission mindestens vierteljährlich Bericht über ihre Tätigkeit und die Strategien des ESZB Bericht erstatten. Dieser Bericht soll auch öffentlich zugänglich gemacht werden. Ein konsolidierter Ausweis soll wöchentlich veröffentlicht werden. Diese Erklärung richtet sich an die Öffentlichkeit, um die Versorgung der Marktteilnehmer mit Informationen zu sichern. Weiterhin unterbreitet die EZB der Kommission, dem Europäischen Parlament, der Europäischen Staatenkammer und dem Rat einen Jahresbericht über die Tätigkeit des ESZB und über die Geld- und Währungspolitik im vergangenen und im laufenden Jahr. Die Kommission sowie das Parlament können auf dieser Grundlage allgemeine Aussprachen durchführen.

(5) Die EZB besitzt zur Erfüllung der dem ESZB übertragenen Aufgaben Gesetzgebungskompetenz. Diese Kompetenz ist in Artikel 110 EGV geregelt. Die Gesetzkompetenz umfasst unter anderem die Ausführung der Geldpolitik in den Mitgliedstaaten, die Durchführung von Devisengeschäften, die Verwaltung der offiziellen Währungsreserven der Mitgliedstaaten, die Regelung der Mindestreserven der Kreditinstitute sowie die Verrechnungs- und Zahlungssysteme.

Artikel 74

(1) und (2) Unter dem Dach des ESZB sind die EZB und die Zentralbanken der Mitgliedstaaten zusammengeschlossen. Das ESZB entspricht dem Prinzip der Subsidiarität.

Die Mitglieder des Direktoriums erhalten eine demokratische Legitimation dadurch, dass sie, auf Vorschlag der Regierungen der Mitgliedstaaten, durch das Europäische Parlament durch einfache Mehrheit bestätigt werden. Das Direktorium setzt sich aus einem Präsidenten, einem Vizepräsidenten und vier weiteren Mitgliedern zusammen. Aufgrund der Unabhängigkeit der EZB müssen die Mitglieder des Direktoriums ausschließlich aufgrund ihrer fachlichen Kompetenzen von den Regierungen vorgeschlagen und vom Parlament bestätigt werden. Aus demselben Grund beträgt die Amtszeit der Mitglieder des Direktoriums acht Jahre ohne Möglichkeit der Wiederernennung.

Die Amtszeit der Präsidenten der nationalen Zentralbanken der Mitgliedsländer beträgt mindestens fünf Jahre mit Möglichkeit zur Wiederernennung.

Die Entscheidungsfindung und die spezifischen Aufgaben der verschiedenen Beschlussorgane (Direktorium und EZB-Rat) sind in der Satzung der EZB geregelt. (Artikel 10, Artikel 11 und Artikel 12)

Der Ausschuss der Regionen

Der Ausschuss der Regionen wird grundsätzlich beibehalten, in seiner Zusammensetzung jedoch verändert. Bei der Neuverteilung der Sitze wurde die bisherige Größe des Ausschusses nur unwesentlich überschritten, um seine Handlungsfähigkeit auch in einer EU der 25 garantieren zu können. Eine Koppelung der Sitze an den prozentualen Bevölkerungsanteil jedes Nationalstaats an der Gesamtbevölkerung der EU erscheint sinnvoll. Von dieser Regelung ausgenommen sind die elf kleinsten Länder, deren Bevölkerungszahl zwischen 0,08 und 5 Millionen liegt. Um auch diesen Staaten eine hinreichende Vertretung der regionalen und lokalen Gebietskörperschaften zusichern zu können, wird ihnen eine Mindestanzahl von vier Sitzen zugesprochen. Länder mit einer Bevölkerungszahl zwischen 5 und 10 Millionen machen durchschnittlich zwei Prozent der EU- Bevölkerung aus und erhalten deshalb je fünf Sitze im Ausschuss der Regionen. Für alle anderen Staaten gilt die Regelung, dass ihnen pro 0,5 Prozent an der EU- Bevölkerung ein Sitz zusteht. So macht z.b. Deutschland mit 82 Millionen Einwohnern ca. 17 Prozent der Bevölkerung der EU aus und erhält deshalb im Ausschuss der Regionen 34 Sitze.

Insgesamt ergibt sich folgende Sitzverteilung:

Land	Sitze
Deutschland:	34
Großbritannien:	24
Frankreich:	24
Italien:	24
Spanien:	16
Niederlande:	6
Griechenland:	5
Belgien:	5
Portugal:	5
Schweden:	5
Österreich:	5
Dänemark:	4
Finnland:	4
Irland:	4
Luxemburg:	4
Polen:	16
Tschechien:	5
Ungarn:	5
Slowakei:	4
Litauen:	4
Lettland:	4
Slowenien:	4
Estland:	4
Zypern:	4
Malta:	4

Mit der Erweiterung geht ein Anwachsen der Bevölkerung und eine Vergrößerung des Unionsgebietes einher. Vor diesem Hintergrund ist eine Beteiligung der Vertreter der regionalen und lokalen Gebietskörperschaften am politischen Prozess der EU wichtiger denn je. Sie sollen dazu beitragen, der oftmals proklamierten Bürgerferne der Union entgegenzuwirken. Dem Ausschuss der Regionen kommt bei der Beseitigung dieses Defizits besondere Bedeutung zu, denn er repräsentiert im Mehrebenensystem der Union die unterste Ebene, die Regionen und Gebietskörperschaften. Mit dieser Ebene identifizieren sich die Bürger am ehesten, da ihr Leben oftmals direkt von dieser beeinflusst wird. Aus diesem Grund ist es wichtig, dass auch die lokale und regionale Ebene in Europa durch eine entsprechende Institution vertreten wird. Dieser Gedanke wurde mit der Gründung des Ausschusses der Regionen 1994 aufgegriffen, jedoch gilt es, ihn zu vertiefen.

Neben dem Anhörungsrecht besitzt der Ausschuss der Regionen im Bereich der Rahmengesetzgebung sowie der geteilten/ konkurrierenden Gesetzgebung auch ein Informationsrecht. Insbesondere in Fällen, welche die grenzüberschreitende Zusammenarbeit betreffen, ist der Ausschuss der Regionen vom Europäischen Parlament und der Europäischen Staatenkammer mit einzubeziehen. Hier kann er an die beiden anderen Institutionen Stellungnahmen abgeben. Diese sind zwar nicht verbindlich, jedoch zählt der Gedanke, dass auf europäischer Ebene auch die Position der regionalen und lokalen Gebietskörperschaften artikuliert wird.

Um dem Mehrebenensystem der EU Rechnung zu tragen, erhält die Vertretung jeder Ebene (Europäisches Parlament: supranational, Europäische Staatenkammer: national, Ausschuss der Regionen: regional und lokal) hinsichtlich des Subsidiaritätsprinzips ein Klagerecht beim Europäischen Gerichtshof. Ist eine dieser Institutionen der Auffassung, dass durch eine andere Institution oder eine bestimmte Verfahrensweise das in der Verfassung fest geschriebene Subsidiaritätsprinzip innerhalb der EU verletzt wurde, so kann es dessen Einhaltung beim Europäischen Gerichtshof einklagen. Durch dieses Klagerecht erfährt der Ausschuss der Regionen eine zentrale Aufwertung.

Titel IV: Kompetenzordnung der Europäischen Union

Simone Brandt und Wiebke Losekamp

Die Nationalstaaten sowie deren regionale Untergliederungen sollen erhalten bleiben. Sie treten hierbei wichtige Kompetenzen an die EU ab (z.B. in der Außenpolitik), behalten aber in bestimmten Bereichen weiterhin die Verantwortung und Gestaltungsmöglichkeiten. Zusätzlich sind sie für die Ausführung von Europäischem Recht zuständig.

Die Verfassung soll unserer Meinung nach einen Beitrag zur Verstärkung der Integration und zur Vertiefung der Zusammenarbeit zwischen den Nationalstaaten leisten. Entsprechend dieser Vorstellung erscheint uns eine abgestufte Integration nur sinnvoll, wenn sie eine Zusammenarbeit überhaupt erst möglich macht und langfristig eine vollständige Integration zum Ziel hat.

Die EU soll nach dem Prinzip der Subsidiarität und Verhältnismäßigkeit aufgebaut werden, damit die Bildung eines Zentralstaates verhindert wird. Doch scheint es notwendig, der EU genügend Rechte und Kompetenzen zuzuteilen, damit diese die Einigung nach innen vorantreiben und als Integrationsklammer wirken kann. Nur so ist es möglich, auf Dauer den Anforderungen gerecht zu werden, den Herausforderungen, die sich an die europäischen Staaten im Zuge der derzeitigen Entwicklungen (z.b. Globalisierung) stellen, zu begegnen und wirtschaftlich und politisch im internationalen Rahmen handlungsfähig zu bleiben. Die EU soll eine feste Größe in der Welt werden, ein Partner auf den sich andere verlassen können und ein Gegenpol zu den Vereinigten Staaten von Amerika.

Entsprechend der eingangs genannten Zielvorstellung zur EU ist das übergeordnete Ziel, mehr Kompetenzen in den Bereich der EU zu übertragen. Trotzdem sollen die Mitgliedstaaten im Sinne der Subsidiarität Berücksichtigung finden.

Artikel 76 [Grundsätze für ein Tätigwerden der Europäischen Union]

Hier geht es um die Verhinderung eines Zentralstaates. Stattdessen soll jeweils die Ebenen tätig werden, die eine Aufgabe am effektivsten erfüllen kann. Denn eine ausschließliche Zuständigkeit der EU als zentralstaatliche Instanz für alle Politikbereich würde zu einer Überforderung und Schwerfälligkeit des Systems führen.

Um dies zu vermeiden scheinen das Subsidiaritäts- sowie das Verhältnismäßigkeitsprinzip geeignet.

Artikel 77 [Grundsätze für das Verhältnis zwischen Europäischer Union und Mitgliedstaaten].

(1) Das ausführliche Aufführen und Einteilen der verschiedenen Kompetenzen im der Verfassung angefügten Vertrag soll zur Klarheit und Überschaubarkeit beitragen. Des Weiteren soll es als Bezugspunkt bei Subsidiaritätsstreitigkeiten dienen.

Die Nationalstaaten in der EU sollen nicht abgelöst werden, sondern tragen weiterhin Verantwortung für die ihnen verbleibenden Kompetenzen und deren Ausführung. D.h. alle Kompetenzen, die nicht in der Verfassung aufgezählt werden, bleiben bei den Mitgliedstaaten; auch hier ist wieder die Wahrung der Verhältnismäßigkeit und Subsidiarität zur Verhinderung eines Zentralstaates das Ziel.

(2) Die EU besitzt ein eigenes Rechtssystem, welches Vorrang vor dem nationalen Recht hat.

Artikel 78 [Einhaltung der Subsidiarität]

(1) Grundsätzlich handelt es sich beim Europäischen Gerichtshof um eine unabhängige Instanz, die sich ausschließlich an der Verfassung und den geltenden Rechtsnormen orientieren soll, ohne eigene Interessen zu verfolgen. Dennoch sind wir uns der Problematik bewusst, die sich daraus ergibt, dass der Europäischen Gerichtshof selbst ein EU-Organ ist, das aufgrund seiner institutionellen Eigeninteressen verstärkt zugunsten der EU entscheiden könnte. Ein Ausgleich zu dieser Tatsache besteht jedoch darin, dass sowohl einzelne Mitgliedstaaten, deren nationale und lokale/regionale Parlamente und Regierungen, als auch der Ausschuss der Regionen und die Staatenkammer bei vermuteten Verletzungen des Subsidiaritätsprinzips Klage vor dem Europäischen Gerichtshof erheben können. Durch die Nutzung des Europäischen Gerichtshofs wird außerdem die Schaffung einer neuen Institution und damit eine weitere „Verkomplizierung" des Systems verhindert.

Subsidiarität betrifft auch die Regionen, teilweise sogar stärker als die Nationalstaaten. Die Regionen sind jedoch in keinem entscheidungstreffenden EU-Organ berücksichtigt, wodurch sie ihre Interessen im Bereich der Subsidiarität vertreten könnten. Auch wenn die einzelnen Regionen nach unserem Vorschlag ein Klagerecht besitzen, sind sie stärker im Zusammenschluss des Ausschuss der Regionen.

(2) Der jährliche Bericht soll dem Überblick für die Mitgliedstaaten dienen. Die Aufgabe der Berichtserstellung wird dem Europäischen Rat übertragen, da dieses Organ sowohl einen europäischen als auch einen nationalen Blickwinkel hat. Zudem steht es als beratendes Organ etwas außerhalb der politischen Entscheidungsfindung und deshalb erhoffen wir uns durch ihn eine objektive Beurteilung der Kompetenzeinhaltung.

(3) Das Empfehlungsrecht der nationalen Parlamente wiederum soll zur effektiveren Gestaltung der Subsidiarität beitragen.

Artikel 79 [Ausschließliche Kompetenzen der Europäischen Union]

Die bisherige Aufteilung der Kompetenzen der EU in ausschließliche und konkurrierende Kompetenzen sowie ergänzende Zuständigkeiten erscheint sinnvoll und geeignet. Jedoch wird sie um die Rahmengesetzgebung ergänzt, da viele Kompetenzen weder in der ausschließlichen noch der geteilten Zuständigkeit gut aufgehoben schienen.

(1) Innerhalb der ausschließlichen Gesetzgebung besteht weiterhin die Unterscheidung zwischen Unionsgesetzen (vorher Verordnungen) und Richtlinien.

Der Gedanke ist dabei, der EU für ihren Zuständigkeitsbereich verschiedener Optionen der Umsetzung offen zu lassen, damit die Regelungen auf dem effektivsten Weg getroffen werden können.

Unterschied zwischen Unionsgesetzen und Richtlinien:
- Unionsgesetze: gelten nach Erlass direkt und unmittelbar in den Mitgliedstaaten
- Richtlinien: müssen in einer vorgegeben Frist von den einzelnen Mitgliedstaaten in nationales Recht umgesetzt werden

Absatz 2

- Europäische Außen- und Sicherheitspolitik: siehe Titel VIII; zu Ausnahmen siehe Titel VIII, Artikel 13
- Entwicklungspolitik: Die Entwicklungspolitik ist ein Teil der Europäische Außen- und Sicherheitspolitik und deshalb den ausschließlichen Kompetenzen zuzuordnen. Nur so kann die EU eine nach außen kohärente und damit effiziente Entwicklungspolitik betreiben. Einzelne Aktionen, Hilfsprojekte und Partnerschaften einzelner Mitgliedstaaten gegenüber Entwicklungsländern sollen aber weiterhin möglich bleiben. Die Entwicklungszusammenarbeit entfällt somit.
- Währungspolitik: Eine gemeinsame Währungspolitik ist unabdingbar für den gemeinsamen Markt. Dies bedeutet nicht, dass jedes Mitgliedsland dazu verpflichtet ist, den Euro sofort mit Beitritt zur EU einzuführen.
- Biologische Meeresschätze: Dieser Bereich fiel auch bisher in die ausschließlichen Kompetenzen, und es gibt keinen ersichtlichen Grund für eine Änderung der bisherigen Regelung.
- Handelspolitik (Außenwirtschaftsbeziehungen): Stichworte: Wirtschaftsunion und gemeinsamer Markt sowie einheitliches Handeln nach außen
- Unionsbürgerschaft: siehe Präambel Titel II, Artikel 5
- Europol, Eurojust, Aufbau gemeinsamer Einrichtungen

- Binnenmarkt (Freizügigkeit, freier Verkehr von Waren, Dienstleistungen und Kapital): Der Binnenmarkt war de facto schon eine ausschließliche Kompetenz.
- Zollpolitik (Außenzölle): Der gemeinsame Markt und gemeinsame Außengrenzen erfordern gemeinsame Zollpolitik.
- Wettbewerb: Ein gemeinsamer Binnenmarkt erfordert gemeinsame Wettbewerbsbedingungen.
- Visa: Ein Staat, ein Visum – da es keine Grenzen innerhalb der EU mehr gibt, braucht man zur Einreise nur noch ein Visum, welches für die ganze EU gilt, deshalb sollte die EU dafür zuständig sein.
- Asyl und Einwanderung: Auch dieses Politikfeld wird zu einer ausschließlichen Kompetenz, bedingt durch die gemeinsamen Außengrenzen und das Fehlen von Grenzen innerhalb der EU.

Artikel 80 [Rahmengesetzgebung]

(1) In der Rahmengesetzgebung muss die EU tätig werden und mindestens einen minimalen Rahmen vorgeben, dies fördert die Schaffung einheitlicher Verhältnisse. Die Mitgliedstaaten können darüber hinaus gehende Maßnahmen ergreifen, während sie bei den konkurrierenden Kompetenzen nicht mehr tätig werden können, sobald die Union eine Legislativnorm erlassen hat.

Beispiel Energiepolitik:

Es könnte eine gemeinsame Energieinfrastruktur von der Union geschaffen werden oder EU-weite Mindeststandards zur Sicherheit von Atomkraftwerken und zur Nutzung alternativer Energiequellen. Den Ländern – wie in diesem Falle z.B. Deutschland – sollte aber die Möglichkeit gegeben werden, darüber hinaus zu gehen und beispielsweise außerhalb des EU-Rahmens einen Atomausstieg zu planen.

Absatz 2

- Umweltpolitik: Einheitliche Mindeststandards werden europaweit garantiert. Die Mitgliedstaaten, die sich besonders im Umweltschutz engagieren, haben die Möglichkeit, weitergehende Maßnahmen zu erlassen, wenn ihnen der EU-Rahmen nicht ausreicht.
- Tierschutz: siehe Umweltpolitik
- Katastrophenschutz: Schaffung einheitlicher Schutzmaßnahmen in der EU und Koordinierung von EU-weiten Hilfsaktionen bei größeren Umweltkatastrophen, aber mit der Möglichkeit Schutzbestimmungen an die regionalen Besonderheiten anzupassen.

- Bildung/berufliche Bildung: Versuch der Entwicklung von gemeinsamen Mindeststandards um Vergleichbarkeit zwischen den Mitgliedstaaten zu schaffen und so die Anerkennung von Abschlüssen über die Grenzen der Nationalstaaten hinweg zu gewährleisten. Alles was über dieses Ziel hinausgeht, verbleibt bei den nationalen oder regionalen Regierungen.
- Forschung, Entwicklung, Technologie und Wissenschaft: Schaffung gemeinsamer Standards in Fragen der Ethik und Grenzen der Forschung (z.B. Klonen).

Artikel 81 [Konkurrierende Gesetzgebung]

(1) Trotz der Einführung der Rahmengesetzgebung halten wir an den konkurrierenden Kompetenzen fest. Dies lässt sich damit begründen, dass die Union im Bereich der konkurrierenden Gesetzgebung nur tätig werden muss und sollte, wenn tatsächlicher Regelungsbedarf auf europäischer Ebene besteht. Außerdem muss die EU hier nicht generell tätig werden und einen Rahmen (wie bei der Rahmengesetzgebung) erlassen, sondern kann ganz gezielt in Teilbereichen und Einzelfragen einheitliche Legislativnormen festlegen. Deshalb ist es wichtig, dass in diesen Politikbereichen das Subsidiaritäts- sowie das Verhältnismäßigkeitsprinzip eingehalten werden.

Absatz 2
- Wirtschaftspolitik: siehe Titel zur Wirtschafts- und Sozialordnung
- Sozialpolitik: siehe Titel zur Wirtschafts- und Sozialordnung
- Gesundheit: Oblag bisher der Zuständigkeit der Mitgliedstaaten, jedoch scheint hier mit Blick auf eine freie Arbeitsplatzwahl eine gewisse Anpassung der verschiedenen Systeme durch die EU erforderlich, gleiches gilt auch für die Sozialpolitik.
- Polizeiliche und justizielle Zusammenarbeit: Die EU kann Maßnahmen ergreifen und Regelungen treffen, die die Koordination der in den Mitgliedstaaten verbleibenden Polizei- sowie Justizarbeit fördern. Dies dient der Wahrung der Rechtsordnung und der Sicherheit im gesamten EU-Gebiet.
- Sicherheits- und Verteidigungspolitik (genaueres regelt Titel IX)
- Verkehrspolitik: Alleinige Zuständigkeit der EU würde diese überfordern, und ein angemessenes Handeln scheint in dieser Form nicht möglich, während sich eine rein nationalstaatliche Zuständigkeit negativ auf die Vernetzung und die Koordination insbesondere bei länderübergreifenden Großprojekten auswirken könnte.
- Kommunikationspolitik: siehe Verkehrspolitik
- Regional- und Strukturpolitik: Regionen haben das Wissen über regionale und nationale Möglichkeiten der Entwicklung, aber die EU kann dafür sor-

gen, dass bestimmte Regionen nicht aufgrund ihrer Ausstattung benachteiligt sind und es nicht zu einer Auseinanderentwicklung der Regionen innerhalb der EU kommt.
- Landwirtschaft und Fischerei: Einheitliche Regelungen, wo es nötig ist. Eine komplette Angleichung wird nicht gebraucht, da regionale Unterschiede zu beachten sind.
- Industriepolitik: Die EU soll Standards/Regelungen vorgeben, wo es nötig ist, um Vergleichbarkeit und ähnliche Voraussetzungen zu schaffen.
- Beschäftigungspolitik (EU Koordinierung): Auch hier sind regionale und nationale Lösungen effizienter, doch sollte die Union die Möglichkeit haben, im Hinblick auf die wirtschaftliche und soziale Angleichung der Mitgliedstaaten notwendige Bestimmungen zu erlassen.
- Verbraucherschutz: Angleichung zur Verhinderung von Wettbewerbsbeschränkungen, wenn die EU die Notwendigkeit dazu sieht. Die Möglichkeit, dass die Mitgliedstaaten darüber hinaus gehen, wie in der Rahmengesetzgebung vorgesehen, könnte im Bereich des Verbraucherschutzes zu Wettbewerbsverzerrungen führen.
- Steuerwesen: siehe Titel VII

Artikel 82 [Ergänzende Zuständigkeiten der Europäischen Union]

(1) Diese Form der Zusammenarbeit zwischen EU und Mitgliedstaaten wurde aufgenommen für Bereiche, die auf nationaler oder gar regionaler Ebene besser gestaltet werden können. Hier geht es eher darum, dass die Union regionale Problembearbeitung bei Bedarf unterstützen kann, ohne jedoch Legislativnormen zu erlassen. Die von der EU ergriffenen Maßnahmen zielen auf eine Förderung der Zusammenarbeit und der Integration, wie am Beispiel der Förderung von transeuropäischen Netzen deutlich wird.

Absatz 2

- Kultur: Wahrung der individuellen Kultur ist Sache der Mitgliedstaaten, Unterstützung der EU, etwa zur Förderung einer europäischen Kultur, ist finanziell bedeutsam.
- Jugend und Erziehung: lässt sich besser regional oder national organisieren, die EU kann z.B. Maßnahmen ergreifen, um die Bildung einer europäische Identität bei den Jugendlichen zu fördern.
- Wirtschaftlicher und sozialer Zusammenhalt: Ziel ist es hier, wirtschaftliche und soziale Entwicklungsstände der Regionen anzugleichen und Entwicklungsrückstände insbesondere in den ländlichen Regionen durch Maßnahmen der EU auszugleichen.

- Fremdenverkehr: Einheitliche Regelungen sind nicht nötig, Fremdenverkehr ist Sache der Regionen, höchstens Förderungs- oder Ergänzungsmaßnahmen der EU wären denkbar.
- Transeuropäische Netze: Für die Zusammenarbeit bei Verkehrs-, Telekommunikations- und Energieinfrastruktur sind die Mitgliedstaaten grundsätzlich zuständig, aber die Union fördert die grenzüberschreitende Vernetzung und Kooperation.

Artikel 83 [Durchführung des Rechts der Europäischen Union]

Die Regelung des Vollzugs ist für die Kompetenzverteilung von entscheidender Bedeutung, da ohne eine adäquate Umsetzung jedes Gesetz wirkungslos bleibt. Gerade im Mehrebenensystem der EU ist deshalb die Klärung des Vollzugs unumgänglich.

(1) Im Sinne der Effizienz, der Bürgernähe und der Transparenz obliegen bestimmte Bereiche der Ausführung von EU-Recht den nationalen und subnationalen Verwaltungen, so dass bestehende Strukturen und Einrichtungen sinnvoll weitergenutzt werden können. Die EU kann jedoch bestehende, nicht ausreichende Verwaltungsstrukturen in den Mitgliedstaaten ergänzen oder auf EU-Ebene regeln. Dies bedeutet nicht, dass die EU eine Parallelstruktur auf EU-Ebene aufbauen kann. Ein solches Vorgehen erscheint schon angesichts des knappen EU-Budgets für die Union nicht durchführbar.

(2) Es muss gewährleistet sein, dass europäisches Recht von den Mitgliedstaaten auch ausgeführt wird, deshalb wird diese Sanktionsklausel explizit erwähnt.

(3) Im Hinblick auf die Effizienz und die Sicherstellung einer ordnungsgemäßen und gleichmäßigen Durchführung sollte es der Union möglich sein, Einheitlichkeit in den ausführenden Institutionen herzustellen, die national und auch regional stark unterschiedlich sind. Da hier die Struktur der Nationalstaaten betroffen ist, ist für solche Maßnahme – neben der Zustimmung des Europäischen Parlaments – auch eine 2/3-Mehrheit in der Staatenkammer notwendig.

Artikel 84 [Änderung der Kompetenzen]

Ein Verschieben von Kompetenzen ist wichtig für den Fall, dass sich in der Anwendung zeigt, dass sich die bisherige Aufgabenverteilung zwischen Mitgliedstaaten und EU nicht bewährt. Es ist sowohl eine Verschiebung der Kompetenzen von unten nach oben (von Mitgliedstaaten auf die EU-Ebene) als auch eine Verschiebung in umgekehrter Richtung möglich. Bei der Verschiebung einer Kompetenz bleiben die bisher erlassen Gesetze in Kraft, können aber von dem neuen Kompetenzträger verändert werden, wenn dies erforderlich ist.

(1) Es wird ein Kompetenzausschuss eingerichtet, dem die Prüfung von Kompetenzverschiebungen obliegt, um die Herausbildung eines weiteren EU-Organs zu verhindern, das von institutionellen Eigeninteressen und Verhaltensmustern geprägt ist. Das Gremium soll jeweils zur Hälfte aus Vertretern der Mitgliedstaaten und aus Vertretern der EU bestehen, damit die Interessen beider Seiten gleich stark berücksichtigt werden.

Die zuständigen EU-Organe und die Mitgliedstaaten können ihre Vertreter frei wählen, um zu verschiedenen Themen die bestmöglichste Auswahl treffen und ihre Interessen am effektivsten vertreten lassen zu können. Die Nationalstaaten können sowohl nationale als auch regionale Vertreter entsenden, je nachdem welche Ebene am stärksten betroffen ist. Den Vorsitz hat jeweils ein Mitglied der Kommission inne. Hier wäre es vorstellbar und sinnvoll, wenn der jeweils betroffene Kommissar entsandt würde.

(2) Kompetenzverschiebungen können auf Vorschlag der Kommission, des Parlaments, der europäischen Staatenkammer und des Ausschusses der Regionen geprüft werden. In diesen Organen sitzen Vertreter von allen Ebenen der EU, die deshalb beurteilen können, ob eine Verschiebung notwendig ist, ohne dass eine Ebene dabei vernachlässigt wird. Vorschläge werden bei der Kommission eingereicht. Diese hat aber nicht das Recht, über eine Annahme des Vorschlags zu entscheiden, sondern muss nach Erhalt des Vorschlags unverzüglich den Kompetenzausschuss einberufen. Die Kommission dient hier nur als Ansprechpartner.

Die Arbeit des Ausschusses besteht nicht darin, eine definitive Entscheidung herbeizuführen, sondern er soll eine Empfehlung erarbeiten, die dem Europäischen Parlament und der Staatenkammer ermöglicht, eine qualifizierte Entscheidung zu treffen.

(3) Die endgültige Entscheidung über eine Kompetenzverschiebung stellt eine Verfassungsänderung dar, deshalb müssen Europäisches Parlament und Staatenkammer jeweils mit einer Zwei-Drittel-Mehrheit zustimmen.

Titel V: Durchführung der Maßnahmen der Europäischen Union

Christine Normann (Artikel 85-89) und Bettina C. Dreher (Artikel 90)

Artikel 85 [Instrumente]

Da es sich bei der EU um ein Mehrebenensystem (EU, Mitgliedstaaten) handelt, und die Kompetenzen zwischen EU und den Mitgliedstaaten aufgeteilt sind, bedarf es unterschiedlicher Verfahren der Entscheidungsfindung. (Vgl. Kompetenzgruppe) So sind im Gesetzgebungsprozess die Unionsgesetze und die Rahmengesetze zu unterscheiden. Darüber hinaus besteht für die Kommission die Möglichkeit, eine Entscheidung zu erlassen und alle drei am Gesetzgebungsprozess beteiligten Institutionen können Empfehlungen aussprechen und Stellungnahmen abgeben. Diese verschiedenen Instrumente zur Durchführung der Maßnahmen der Union kommen auf unterschiedliche Art und Weise zustande und variieren in ihrer jeweiligen Bindekraft.

Artikel 86 [Gesetzesinitiativrecht]

Im Vergleich zum heutigen Gesetzgebungsprozess, bei dem der Ministerrat als intergouvernementale Institution stark im Vordergrund steht, verschiebt sich die Gewichtung eindeutig hin zu einem stärker supranational orientierten Modell. Bisher waren die Rechte des Europäischen Parlamentes beschränkt, welches nun eindeutig in den Mittelpunkt der legislativen Gewalt rückt. Am deutlichsten kommt dies bei den Unionsgesetzen zum Ausdruck, die die supranationale Kammer, sprich das Europäische Parlament, sogar stärker gewichten als die intergouvernmentale Staatenkammer. Im legislativen Verfahren der Rahmengesetze sind beide Kammern dagegen gleichberechtigt, da diese an der Schnittstelle zwischen EU und Mitgliedstaaten angesiedelt sind.

Im Rahmen des Gesetzgebungsverfahrens haben neben der Kommission, die bisher alleine diese Befugnis inne hatte, auch das Europäische Parlament und die Europäische Staatenkammer das Initiativrecht. Dies ergibt sich aus einer klaren Zuteilung der legislativen Gewalt an das Europäische Parlament und die Staatenkammer. Dabei stellt das Europäische Parlament die supranationale Kammer dar und die Staatenkammer die Vertretung der Mitgliedstaaten. Die erhebliche Stärkung des Europäischen Parlaments im Gesetzgebungsprozess trägt zur Reduzierung des Demokratiedefizits bei, da nun die direkt gewählten Vertreter stärker am Zustandekommen von Gesetzen beteiligt sind.

Artikel 87 [Gesetzgebungsverfahren der Europäischen Union]

(1) Bei einer Initiative der Kommission ist diese zunächst der Staatenkammer zuzuleiten, die diese mit einer Stellungnahme und eventuellen Änderungsvorschlägen direkt an das Parlament weiterleitet, welches somit direkt über die möglicherweise abgeänderte Form abstimmt. Bei einer Initiative des Parlaments holt dieses daraufhin die Stellungnahme mit eventuellen Änderungsvorschlägen der Staatenkammer ein, die diese gegebenenfalls direkt in den Vorschlag einarbeitet und an das Parlament zurückleitet. Dies dient zur Verkürzung des Gesetzgebungsverfahrens und erhöht die Effizienz desselben. Gesetzesentwürfe der Staatenkammer gelangen direkt zur Abstimmung in das Europäische Parlament. Die Abgabe von Stellungnahmen und das Einarbeiten von Änderungsvorschlägen durch die Staatenkammer vor der ersten Abstimmung im Parlament dient durch die Verkürzung des Gesetzgebungsverfahrens der Steigerung der Effizienz.

(2) und (3) Zur Überprüfung der Vereinbarkeit mit den grundsätzlichen Zielen der Union werden alle Gesetzesinitiativen von Parlament und Staatenkammer der Kommission zugeleitet. Durch das Erstellen einer begründeten Stellungnahme wird die Kommission somit zu Beginn in den Gesetzgebungsprozess eingebunden.

(4) Die erste Abstimmung liegt jeweils beim Europäischen Parlament. Dies ermöglicht im folgenden einen immer gleich ablaufenden Gesetzgebungsprozess, unabhängig davon, von welcher Institution die Gesetzesinitiative ausging. Hiermit soll der legislative Prozess möglichst einfach und einheitlich gehalten werden, was die Transparenz desselben erhöht und ihn für den Bürger leichter nachvollziehbar macht. Mit der absoluten Mehrheit kann das Parlament nun den vorliegenden Rechtsakt billigen. Tritt dieser Fall ein, ist er in der ersten Abstimmung erlassen. Dieses kurze Verfahren ist möglich, da im Vorfeld bereits die Kommission eine Stellungnahme abgegeben hat und die Europäische Staatenkammer gegebenenfalls ihre Änderungsvorschläge eingearbeitet hat. Kann das Parlament den vorliegenden Rechtsakt nicht in der Form befürworten, erlässt es Änderungsvorschläge und leitet die geänderte Version an die Europäische Staatenkammer weiter.

(5) Bei Unionsgesetzen hat die Staatenkammer nun entweder die Möglichkeit, den Rechtsakt anzunehmen, dann ist das Gesetz erlassen, oder es abzulehnen.

(6) In letzterem Fall wird der Rechtsakt unverändert an das Europäische Parlament zurückgeleitet, welches ihn nun mit absoluter Mehrheit annehmen kann und somit das negative Votum der Staatenkammer durch ein positives Votum des Europäischen Parlaments überstimmen kann. Die Unionsgesetze sind im

Gesetzgebungsprozess also besonders stark an die supranationalen Institutionen gekoppelt. Dabei erfährt das Europäische Parlament eine stärkere Gewichtung, indem es die Ablehnung eines Gesetztes durch die Staatenkammer durch eine absolute Mehrheit überstimmen kann. Wenngleich die Staatenkammer im Rahmen ihrer Stellungnahme die Möglichkeit hat, Änderungsvorschläge zu dem Gesetzesvorhaben zu unterbreiten, obliegt es jedoch dem Parlament, diese in dem Rechtsakt zu berücksichtigen oder abzuwehren. Hier wird deutlich, dass bezüglich des Verfahrens der Unionsgesetze, die die ausschließlichen Kompetenzen der EU betreffen, die supranationale Kammer im Vordergrund steht.

(7) Wenn es sich um Rahmengesetze handelt, die in der gemeinsamen Kompetenz von EU und den Mitgliedstaaten liegen, bedarf es dagegen eines Gesetzgebungsverfahrens, welches eine gleichberechtigte Teilhabe beider Kammern erlaubt. Dieses Verfahren folgt zunächst dem bereits beschriebenen legislativen Prozess (1-4) und findet seine Abänderung ab dem Zeitpunkt der zweiten Abstimmung, die in der Staatenkammer stattfindet. Billigt die Staatenkammer den vorliegenden Rechtsakt, der bereits vom Parlament getragen wird, mit einer absoluten Mehrheit, so ist dieser in einer zweiten Abstimmung erlassen.

Hat die Staatenkammer weiterhin Änderungsvorschläge, kommt es zur Einberufung des Vermittlungsausschusses durch den Präsidenten beider Kammern. Die Einberufung des Vermittlungsausschusses erfolgt an dieser Stelle, da beide Kammern nun einmal die Möglichkeit hatten, die Gesetzesvorlage zu verändern und abzustimmen und ein weiteres Hin und Her zwischen den beiden Kammern einen Mangel an Transparenz und Effizienz darstellen würde.

Abstimmungsmodalitäten (Europäisches Parlament/ Europäische Staatenkammer)

Abstimmungen über die Annahme eines Gesetzes oder die Veränderung von Artikeln sind immer mit absoluter Mehrheit zu treffen. Zunächst einmal vereinheitlicht dieses Verfahren den politischen Prozess und erhöht die Transparenz für den Bürger. Darüber hinaus ist sichergestellt, dass das Gesetz von einer überwiegenden Mehrheit der Volksvertreter befürwortet wird. Dies gilt sowohl für das Europäische Parlament als auch für die Europäische Staatenkammer. Zu bedenken ist hierbei, dass je nach Kammer die Konfliktlinien zum Erreichen einer absoluten Mehrheit unterschiedlich sind.

Beim Europäischen Parlament als supranationalem Organ verläuft diese entlang der politischen Ausrichtung der europäischen Parteien und bei ähnlichen Auffassungen wird es zu Kooperationen zwischen den einzelnen Parteien kommen, die letztendlich zu einer Blockbildung führen können.

Bei der Europäischen Staatenkammer stehen die nationalen Interessen im Vordergrund, sprich, es sind die Staaten, die ihre Interessen geltend machen wollen. Um eine absolute Mehrheit zu erreichen (42 Stimmen bei einer Union von 25 Mitgliedstaaten) ist somit die Anzahl der Vertreter pro Land zu berücksichtigen, die sich proportional zur Bevölkerungszahl eines Landes verhält und eine relative Bevorzugung der kleineren Länder beinhaltet. Da diese in einer Union der 25 sehr zahlreich sind, ist ein Direktorium der großen Staaten nicht zu befürchten, da die sechs größten Länder gemeinsam nur 35 und somit 7 Stimmen weniger als die absolute Mehrheit erreichen können. Andersherum bedarf es von den kleinen Staaten mindestens 17, um die absolute Mehrheit zu erreichen. Diese Extrembeispiele zeigen, dass es weder für die großen noch für die kleinen Staaten einfach ist, eine absolute Mehrheit zu erreichen. Daraus ergibt sich, dass sich die Entscheidungsfindung in der Europäischen Staatenkammer nicht aus einer Konfrontation zwischen kleinen und großen Staaten, sondern vielmehr aus deren Zusammenspiel ergeben wird, da nur kleine und große Staaten gemeinsam überhaupt die absolute Mehrheit der Stimmen in der Europäischen Staatenkammer erreichen können.

Ein Gesetz tritt durch die Gegenzeichnung durch den Kommissionspräsidenten und die Veröffentlichung im Amtsblatt der EU in Kraft.

Artikel 88 [Vermittlungsausschuss]

(1) Der Europäischen Staatenkammer als Vertretung der Mitgliedstaaten ist aus jedem Mitgliedstaat ein Repräsentant zuzugestehen, so dass jeder Staat die Möglichkeit hat, seine nationalen Interessen vorzubringen. Um das Gleichgewicht zwischen den beiden Kammern im Vermittlungsausschuss zu gewährleisten, bestimmt das Europäische Parlament eine gleich hohe Anzahl von Vertretern, die ihrerseits die europäisch ausgerichteten Gedanken des Parlamentes im Vermittlungsausschuss vorbringen. Ein Kompromiss muss von den Vertretern der beiden Kammern getrennt voneinander mit absoluter Mehrheit angenommen werden.

Das Ziel des Vermittlungsausschusses besteht darin, einen gemeinsamen Kompromiss zu erarbeiten. Somit liegt die Verantwortung für das Zustandekommen eines Gesetztes im Bereich der Rahmengesetze eindeutig in der Verantwortung der beiden Kammern.

Aufgrund der hohen Bedeutung, die dem Vermittlungsausschuss als letzte Instanz zukommt, wird die Kommission an seiner Arbeit beteiligt, indem sie alle für eine Einigung auf ein Gesetz notwendigen Initiativen ergreift und eine

Schlichterrolle zwischen der supranational und der intergouvernemental orientierten Kammer einnimmt.

(2) Zur letztendlichen Annahme bedarf die vom Vermittlungsausschuss ausgearbeitete Fassung eine absolute Mehrheit in beiden Kammern, um auch die als konsensfähig geltende Fassung des Gesetzes von den demokratisch gewählten Kammern legitimieren zu lassen. Wenngleich die theoretische Möglichkeit besteht, dass eine der beiden Kammern den Vorschlag des Vermittlungsausschusses nicht annimmt, ist diese jedoch als gering einzuschätzen, da von einer Rückkopplung der Vertreter im Vermittlungsausschuss zu ihren Kammern ausgegangen werden kann. Somit stehen bei einem Scheitern im Vermittlungsausschussprozess beide Kammern gleichermaßen in der Verantwortung.

Kurze Beratungszeiträume von sechs Wochen bzw. drei Monaten ermöglichen einen raschen Fortgang des Gesetzgebungsprozesses, der der Effizienz des politischen Systems zugute kommt.

Artikel 89 [Gesetzesausfertigung]

Durch die Unterschrift des Präsidenten des Europäischen Parlamentes sowie des Präsidenten der Staatenkammer und durch die Veröffentlichung im Amtsblatt der EU tritt ein Gesetz in Kraft.

Artikel 90 [Verstärkte Zusammenarbeit]

Die Mitgliedstaaten der EU sollen unter bestimmten Bedingungen die Möglichkeit erhalten, eine verstärkte Zusammenarbeit einzugehen. Ziel der verstärkten Zusammenarbeit ist, die Integration der EU in ausgewählten Politikbereichen voranzutreiben.

Dies ist allerdings nur zulässig, wenn die Ziele der EU gewahrt werden und nicht das Interesse an der Herausbildung eines Kerns innerhalb der Mitgliedstaaten im Vordergrund steht. Damit einzelne Mitgliedstaaten, die ein prinzipielles Interesse an der verstärkten Zusammenarbeit haben, aber von ihrer Entwicklung her dazu noch nicht in der Lage sind, nicht den Eindruck erhalten, sie seien von dieser Möglichkeit ausgeschlossen, ist die verstärkte Zusammenarbeit für alle Mitgliedstaaten offen. Die Offenheit ermöglicht es jedem Mitgliedstaat, auch zu einem späteren Zeitpunkt zu der Gruppe, die eine VZ begründet, hinzuzustoßen. Die Möglichkeit der VZ ist auch für den Bereich der GASP möglich, allerdings bleiben militärische oder verteidigungspolitische Angelegenheiten davon ausgeschlossen, da gerade im Falle einer Krise ein gemeinsames Handeln der Gesamtheit der Mitgliedstaaten notwendig ist.

Um zu verhindern, dass es innerhalb der EU durch die verstärkte Zusammenarbeit zu einer Zersplitterung in Kleinstgruppen in verschiedenen Politikfeldern kommt, müssen für die verstärkte Zusammenarbeit gewisse Kriterien erfüllt sein. Hierzu zählt, dass die Gruppe der „Voranschreitenden" aus mindestens 8 Mitgliedstaaten besteht.

Der Antrag wird an die Kommission geleitet, deren Prüfung gewährleistet, dass das Vorhaben mit den grundlegenden Zielen der Union vereinbar ist. Hierbei kommt dem Parlament die Aufgabe zu, Integrationswünsche seitens der Mitgliedstaaten zu beobachten und gegebenenfalls zu forcieren, deshalb muss das Parlament einer verstärkten Zusammenarbeit mit absoluter Mehrheit im Europäischen Parlament zustimmen. Hinzu kommt die Notwendigkeit einer Abstimmung mit absoluter Mehrheit in der Europäischen Staatenkammer, da in dieser die Belange der Mitgliedstaaten zu Ausdruck kommen, die sich hier im verstärkten Integrationswunsch einzelner Staaten äußern. Die absolute Mehrheit impliziert in diesem Fall, dass selbst ein Zusammenschluss der größten Staaten, die in der Staatenkammer über einen entsprechend hohen Anteil an Stimmen verfügen, auf die Zustimmung von Staaten angewiesen sind, die sich zu diesem Zeitpunkt nicht an der verstärkten Zusammenarbeit beteiligen wollen oder können.

Titel VI: Das demokratische Leben der Europäischen Union

Katrin Mette

Der Titel VI beschäftigt sich mit dem demokratischen Leben der Union. Es werden sowohl wichtige Grundsätze zur Bürgerbeteiligung wie der Grundsatz der partizipatorischen Demokratie und die Öffentlichkeit der Sitzungen der gesetzgebenden Organe als auch Beschwerdemöglichkeiten und der Wahlmodus des Europäischen Parlamentes festgelegt.

Der Grundsatz der partizipatorischen Demokratie ist sehr wichtig, ermöglicht er doch den Bürgern und speziell ihren Vereinigungen die aktive Teilnahme am politischen Prozess. Damit wird der Entwicklung Rechnung getragen, die sich auch schon bei den Beratungen des Europäischen Verfassungskonvents abzeichnete: die stärkere Beteiligung von Bürgervereinigungen am politischen Prozess und die damit einhergehende teilweise Lösung des Demokratiedefizits in der Union. Auch wenn die Formulierung von Artikel 80 den Bürgervereinigungen keinerlei konkrete Rechte oder Kompetenzen zuspricht, so wird ihre Stellung doch schon allein durch die Erwähnung im Verfassungstext gestärkt und ihre Beteiligung am Leben der Union legalisiert. Eine nähere Definition und Festlegung ihrer Rechte erscheint mit Blick auf die sehr unterschiedliche Natur und Struktur der Vereinigungen nicht sinnvoll, da sich enorme Unterschiede im Umfang ihrer Unterstützung innerhalb der Bevölkerung und der Universalität ihrer Forderungen auftun.

Das Recht, Petitionen an das Parlament zu richten, entspricht ebenfalls dem Gedanken der starken Bürgerbeteiligung. So können Missstände in der Union, die ihren Organen bisher nicht bekannt waren, öffentlich werden und entsprechende Gegenmaßnahmen eingeleitet werden. Ähnliches gilt für die Bürgerbeauftragten, deren Aufgabe aber über die schlichte Annahme von Beschwerden hinausgeht, da sie auch ohne direkte Aufforderung oder Beschwerde selbständig Ermittlungen aufnehmen können.

Die Aufstockung der Zahl der Bürgerbeauftragten von bisher nur einem für die gesamte Union auf einen Bürgerbeauftragten pro Mitgliedstaat erscheint sinnvoll, da mit der Erweiterung der Union auch die Zahl der Anfragen an die Beauftragten steigen wird. Die Bürgernähe wird erhöht, da jeder Beschwerdeführer einen Bürgerbeauftragten aus seinem Land anrufen kann und so auf kulturelle Besonderheiten eingegangen werden kann, die sich auch mit einem Beitritt in die EU wohl so schnell nicht auflösen lassen werden. Da die Beauftragten sich aber nicht nur mit Anfragen aus dem eigenen Land beschäftigen können, sondern sich auch mit jeder anfallenden Beschwerde befassen dürfen und sich gegenseitig bei Ermittlungen unterstützen können, wird die größere Anzahl nicht nur durch kulturelle Gründe, sondern auch durch schlichten Kapazitätsgewinn begründet.

Die Wahl eines Parlamentes legt den Grundstein für seine Akzeptanz in der Bevölkerung und die demokratische Legitimität. Ein bereits in den vorhergehenden Verträgen (Artikel 190 EGV) gefordertes einheitliches Wahlsystem für das Europäische Parlament ist bislang noch nicht realisiert worden. Dies führte zu einer Ungleichheit der Anzahl der durch die einzelnen Abgeordneten vertretenen Bürger. Außerdem führten die verschiedenen Wahlsysteme zu einer Verunsicherung der Bürger und förderten in keiner Weise die Transparenz und Nachvollziehbarkeit der politischen Prozesse in der Union.

Um diesen Missstand aufzuheben, wurde nun ein völlig neuer Wahlmodus entwickelt, der sowohl die Transparenz und Nachvollziehbarkeit erhöhen als auch das Bewusstsein der Bürger, an einer „europäischen" Wahl teilzunehmen, steigern soll. Außerdem soll der zukünftig sehr viel stärkeren Position des Parlamentes Rechnung getragen werden. Da es nun im Mittelpunkt des institutionellen wie politischen Systems steht, sollte auch seine Wahl allen Anforderungen, die an eine Parlamentswahl gemeinhin gestellt werden, genügen.

Das Konzept sieht einen doppelten Wahlgang mit Erst- und Zweitstimme vor. Mit der Erststimme bestimmen die Bürger über 1/3 der zu vergebenden 693 Sitze. Die 231 Sitze des ersten Drittels werden nach einem bestimmten Schlüssel auf die Länder verteilt: pro 0,5 % Bevölkerungsanteil an der Gesamt - EU einen Sitz, dann jedes Land nochmals plus einen Sitz und nochmals 2 Sitze für die Länder über 38 Millionen Einwohner, um die Proportionalität der großen Länder zu stärken. Die minimale Sitzanzahl pro Mitgliedstaat beträgt 2 Sitze. Die so auf die einzelnen Länder verteilten Sitze werden im jeweiligen Staat in Wahlkreisen mit Mehrheitswahl vergeben.

Um die restlichen zwei Drittel der Sitze zu vergeben existieren europäische Listen, die es heute schon teilweise in Form der europäischen Parteizusammenschlüsse gibt. Es ist aber wohl davon auszugehen, dass sich im Vorfeld der ersten Wahlen neue Zusammenschlüsse der unterschiedlichsten Gruppierungen ergeben werden, sowohl von schon bestehenden nationalen Parteien, als auch von privaten Bürgern verschiedener Mitgliedstaaten. Die innere Organisation der Europäischen Listen wurde im Verfassungstext ausführlicher behandelt, weil ihnen im neukonzipierten Wahlsystem eine entscheidende Rolle zukommt und sie einen nicht zu unterschätzenden Einfluss auf den politischen Willensbildungsprozess haben werden.

Die Vereinigungen stellen Listen für die Wahl zum Europäischen Parlament auf. Für die feststehenden Listen benötigen sie dann Unterstützerunterschriften aus verschiedenen Ländern, die genaue Anzahl wird die Wahlordnung regeln. (Außerdem ist es sehr wahrscheinlich, dass die Listen auch Kandidaten für die Erststimmen stellen werden.)

Diesen Listen kann der Bürger seine zweite Stimme geben und nach der Verhältniswahl werden dann die restlichen 2/3 der Parlamentssitze vergeben. Empfehlenswert wäre es, in der Wahlordnung eine 5%- Hürde einzuführen, da dies einer Zersplitterung des Parteispektrums entgegenwirken und sicherstellen würde, dass vor allem Listen in das Europäische Parlament einziehen, die auch eine, für die Parlamentsarbeit angemessene, Unterstützung in der Bevölkerung genießen

Die Entscheidung für das Erststimmen/Zweitstimmen-System fiel, weil die Sitzverteilung ausschließlich über die gesamteuropäischen Listen zu einseitig erscheint, da dann die Identifizierung der Wähler mit den gewählten Abgeordneten zu gering bis gar nicht vorhanden sein würde. Außerdem ist zu vermuten, dass das Engagement der einzelnen Kandidaten bei sicheren Listenplätzen sehr gering ausfallen würde und bei Kandidaten auf schlechten Listenplätzen wenig bis keine Motivation bestünde, überhaupt Wahlkampf zu betreiben.

Deshalb wird nun ein Drittel der Sitze über die nationalen Wahlkreise vergeben, um den Bürgern und Wahlkämpfern zu ermöglichen, eine persönliche Beziehung zu ihren Kandidaten bzw. ihren Wählern aufzubauen und sicherzustellen, dass auch regionale Interessen in den einzelnen Wahlkreisen Berücksichtigung in der europäischen Politik finden werden. Um das Konzept, die Wahlen zu europäisieren, nicht durch die Wahlkreise wieder ins Gegenteil zu verkehren, wird also nur ein Drittel der Sitze auf diese Weise vergeben.

Ähnlich wie die Artikel 92-94 sorgt auch Artikel 97 dafür, dass die EU und speziell ihre gesetzgebenden Organe an Transparenz gewinnen. Geheime Beratungen sind nur in den allerseltensten Fällen nötig, deshalb sind die Sitzungen grundsätzlich öffentlich.

Titel VII: Finanzen der Europäischen Union

Simone Brandt und Wiebke Losekamp

Artikel 99 [Eigenmittel der Europäischen Union und deren Festlegung]

(1) Um die EU auf Dauer in den ihr anvertrauten Bereichen handlungsfähig zu machen und um sie nicht in Abhängigkeit von Zuteilungen durch die Mitgliedstaaten zu bringen, soll die Union über klar definierte Eigenmittel zur Finanzierung ihres Haushaltes verfügen. Bei der Zusammensetzung der Eigenmittel scheint es uns sinnvoll, der EU sowohl die Möglichkeit einzuräumen, eigene EU-Steuern zu erheben, als auch Beiträge von den Mitgliedstaaten zu fordern. Dafür gibt es mehrere Gründe. Der Union werden durch diese Verfassung mehr Kompetenzbereiche übertragen (siehe Titel III), für deren Gestaltung und Finanzierung die EU von nun an zuständig ist. Das bedeutet, dass die Mitgliedstaaten in einigen Bereichen weniger Ausgaben haben und theoretisch die dafür vorgesehenen Einnahmen (Steuern) auf die EU übertragen könnten. Ein derartiges Vorgehen erscheint jedoch wenig realistisch, gerade angesichts der finanziellen Probleme vieler Mitgliedstaaten. Deshalb kann die Union nur auf ihre bisherigen Einnahmequellen zurückgreifen oder ganz neue Formen von Steuern/Abgaben zu ihren Gunsten erheben. Vorstellbar wäre in diesem Zusammenhang die zur Zeit

oft diskutierte Einführung einer TOBIN-Steuer, oder auch eine Abgabe auf Umweltverschmutzungsrechte; aber auch eine Art Solidarsteuer für Katastrophenbewältigung wäre denkbar. In Anbetracht der verschiedenen gegenwärtigen Umweltkatastrophen (Jahrhundertflut und Öltankerunglücke) dürfte die Einführung einer solchen Maßnahme Rückhalt in der europäischen Bevölkerung finden. Möglich wäre die Erhebung von einem Euro pro Bürger.

Innerhalb der geteilten Kompetenzen fällt es schwer, Steuern von den Mitgliedstaaten auf die EU zu übertragen, da die Mitgliedstaaten in diesen Bereichen weiterhin finanzielle Möglichkeiten benötigen, um tätig zu werden.

Im Hinblick auf die Beiträge der Mitgliedstaaten zur Finanzierung des Haushalts der EU ist ein fest vorgegebener Anteil des Bruttosozialproduktes (BSP) eine zweckmäßige Maßnahme. Im Rahmen der Ausweitung der Kompetenzen der Union scheint es allerdings geraten und angemessen, den derzeitigen Anteil von 1,27 % des BSP der einzelnen Mitgliedstaaten auf einen vorläufigen Wert von 1,5 % zu erhöhen.

(2) Die Möglichkeit zur Erhebung von Steuern ist notwendig, um dem dynamischen Charakter der EU gerecht zu werden. Es ist durchaus vorstellbar, dass die Union mehr ausschließliche Kompetenzen zugeteilt bekommt, deshalb muss sie auch die Möglichkeit zur Finanzierung dieser Kompetenzen haben.

Artikel 100 [Grundsatz des Haushaltsgleichgewichts Und Haushaltsdisziplin]

Die Festlegung dieses Grundsatzes ist eine wichtige Streitfrage, in der sich die neoklassische und die keynesianische Sichtweise zur Fiskalpolitik gegenüberstehen. Die derzeitige Regelung in der EU sieht vor, dass es für die EU grundsätzlich verboten ist, ihre Politik durch Schulden zu finanzieren. Angesichts der Tatsache, dass es sich bei der derzeitigen Union nicht um einen vollwertigen, autonomen Staat handelt, scheint diese Einschränkung auch durchaus sinnvoll. Doch ist es deshalb auch sinnvoll, diese Bestimmung für die künftige Union beizubehalten?

Es erscheint angemessen, gerade im Hinblick auf die heutige Situation, an der sich bis zum Inkrafttreten der Verfassung nichts ändern wird, die bisherigen Bestimmungen beizubehalten. Jedoch wurde die Formulierung durch das Einfügen des Wortes „soll" anstelle von „muss" abgeschwächt. Uns ist dabei bewusst, dass diese Vorgabe „schwammig" ist, doch erschien sie uns angesichts der zukünftigen Entwicklungen als sinnvoller Kompromiss.

Artikel 101 [Festlegung und Verabschiedung des Haushaltsplans]

(1) Die Aufnahme dieses Absatzes erscheint unstrittig. Die Festlegung sämtlicher Ausgaben und Einnahmen für jeweils ein Jahr hat sich in der Vergangenheit als praktikabel erwiesen und ist sinnvoll.

(2) Bislang wurde zwischen obligatorischen und nicht-obligatorischen Ausgaben der Union unterschieden. Die obligatorischen Ausgaben ergeben sich zwingend aus den europäischen Rechtsvorschriften und umfassen vor allem jene im Zusammenhang mit der Agrarpolitik (z.B. zum Ankauf von Überschussproduktionen). Das Europäische Parlament kann bisher diese Ausgaben nicht abändern, sondern dem Rat nur Veränderungen vorschlagen. Die nicht-obligatorischen Ausgaben betreffen u.a. Regional- und Sozialpolitik sowie Forschung und Entwicklung. Diese kann das Europäische Parlament in gewissen Grenzen mit der Mehrheit der Stimmen seiner Mitglieder verändern.

Angesichts der in diesem Verfassungsentwurf enthaltenen Änderungen zur Festlegung des EU-Haushaltes, durch die die Union gegenüber den Nationalstaaten gestärkt wird, scheint diese Zweiteilung nicht länger sinnvoll. Ursprünglich diente die Aufteilung in obligatorische und nicht-obligatorische Ausgaben dazu, die Interessen der Nationalstaaten zu wahren und bestimmte Bereiche der Finanzierung vor dem Zugriff der Union (in Form des Parlaments) zu schützen. Auch im Hinblick auf die Handlungsfähigkeit und Reformfähigkeit der Union und die angemessene und gerechte Integration neuer Mitgliedstaaten könnte es sich als sinnvoll erweisen, alle Posten auf dem selben Weg zu beschließen und so die Verzerrung durch nationale Interessen in den Prioritäten der EU-Ausgaben zu reduzieren.

(3) Für die Ausarbeitung des Haushaltsplans ist zunächst die Kommission der EU zuständig, da sie als ausführende Gewalt des EU-Rechts am besten über die Notwendigkeiten und Erforderlichkeiten im Bilde ist. Die Annahme des Plans erfolgt durch die Zustimmung der Mehrheit des Parlaments und der Staatenkammer, so dass sowohl die Interessen der EU als auch die der Mitgliedstaaten Berücksichtigung finden können. Die letzte Entscheidung über den Haushaltsplan obliegt jedoch dem Parlament, so dass nationale Interessen nicht das Haushaltssystem gänzlich blockieren können.

Einige andere Verfassungsentwürfe enthalten genaue Detailbestimmungen zum Ablauf des Festlegung des Haushaltsplans. Doch erscheint die Aufnahme solcher Bestimmungen in die Verfassung übertrieben. Viel wichtiger ist es, die grundsätzliche Zuständigkeit zu klären und die Gewichtung der beteiligten Akteure zu benennen. Alles weitere wird in der Haushaltsordnung festgehalten.

Artikel 102 [Haushaltsordnung]

Grundsätzlich enthält eine Haushaltsordnung detaillierte Bestimmungen zur Aufstellung und Ausführung des Haushaltsplans, Regeln über den Nothaushalt, Vorschriften über die internen Kontrollen, die Zuständigkeiten des Rechnungshofes, die Entlastung der Kommission bei der Ausführung des Haushaltsplans sowie zur Rechnungslegung in den Organen und Einrichtungen der EU.

An dieser Stelle sollen also auch die genaueren Regeln zur Aufstellung des Haushaltsplanes, die bereits unter Artikel 88, Abs. 3 angesprochen wurden, erfolgen. Da es wie gesagt um Detailreglungen geht, die über den Rahmen einer Verfassung hinausgehen, soll dieser Bereich durch ein Unionsgesetz (oder Unionsgesetze) geregelt werden.

Artikel 103 [Haushaltskontrolle]

(1) Im Vergleich zum EG-Vertrag hat sich an diesem Verfahren nichts geändert. Der Europäische Rechnungshof soll weiterhin alle Einnahmen und Ausgaben des EU ständig prüfen.

(2) Die Unterstützung des Europäischen Rechungshof durch das Europäische Amt für Betrugsbekämpfung (OLAF) ist aus mehreren Gründen sinnvoll: Zum einen weil OLAF ein unabhängiges Amt ist und so eine objektive Beurteilung über die Finanzen abgeben kann; und zum anderen kann OLAF den Rechnungshof entlasten. Außerdem kann es die Arbeit des Rechnungshofes im Bereich der Betrugsbekämpfung ergänzen, da OLAF dort über mehr Kapazitäten verfügt.

Titel VIII: Wirtschafts- und Sozialpolitik der Europäischen Union

Artikel 104 [Grundsatz der Europäischen Wirtschafts- und Sozialpolitik] und 105 [Europäische Wirtschafts- und Sozialpolitik]

Die Vorschriften der beiden Artikel sind aus sich selbst heraus verständlich und greifen in erster Linie Vorschriften und Grundsätze der bisherigen Verträge auf.

Titel IX: Europäischen Außen-, Sicherheits- und Verteidigungspolitik

Kapitel I: Europäische Außen- und Sicherheitspolitik

Mitra Moghadassian, Michael Sander, David Sirakov und Björn Hermann (Artikel 113)

Artikel 106 [Kompetenzen]

(1) Im Zuge der Schaffung einer gemeinsamen Europäischen Außen- und Sicherheitspolitik verlagert sich der Schwerpunkt von der intergouvernementalen hin zur vergemeinschafteten Außenpolitik. Folglich wird nicht mehr die geteilte Kompetenzzuweisung zwischen Union und Mitgliedstaaten betont, sondern die ausschließliche Befugnis der Union.

Das Ziel muss es sein, die europäische Integration entscheidend zu fördern. Dies kann insbesondere durch eine handlungsfähige Europäische Außenpolitik verwirklicht werden, da sie dem wirtschafts- und währungspolitischen Gewicht der EU eine außenpolitische Entsprechung geben wird. Darüber hinaus muss die EU eine ihr angemessene größere Verantwortung in der unipolaren Sicherheitsordnung im Hinblick auf eine Entlastung der weltpolitischen Rolle der USA übernehmen. Ermöglicht wird ihr das durch die neue Europäische Identität im internationalen System, welche sich aus dem gemeinsamen Auftreten der Mitgliedstaaten der EU entwickeln wird und der eine Institutionalisierung der gemeinsamen Sichtweisen vorangestellt werden muss (siehe hierzu Artikel 109 ff.).

Nicht zuletzt die Erweiterung der EU macht Veränderungen der bisherigen Form der Gemeinsamen Außen- und Sicherheitspolitik notwendig, die in den Artikeln 106 bis 113 ihre besondere Erwähnung finden.

(2) Die Regelung regionaler Zusammenarbeit einzelner Mitgliedstaaten mit ihren Nachbarn außerhalb oder innerhalb der EU soll auch weiterhin Bestandteil der Kompetenzen der Mitgliedstaaten bleiben, da die Formen der Außenbeziehungen einerseits nicht der Zustimmung der EU bedürfen und andererseits zu einer Überfrachtung der Europäischen Institutionen führen würden. Beispiele hierfür sind die Zusammenarbeit der Ostsee-Anrainerstaaten und die AG Alpen. Es handelt sich dabei um geographisch und problemfeldspezifisch begrenzte Übereinkommen. Die in diesem Zusammenhang diskutierten Aspekte (Fischfang, Transitbestimmungen etc.) betreffen zumeist nur bestimmte Regionen

(Staaten), so dass eine Beschäftigung mit den Problemen auf Unionsebene ineffektiv und langwierig wäre.

Ebenso werden die Mitgliedstaaten weiterhin die Möglichkeit haben, bilaterale Verträge abzuschließen. Dazu zählen beispielsweise Sicherheits- und Friedensverträge, aber auch Beistandsverpflichtungen gegenüber Drittstaaten. Die Gründe hierfür sind zum einen die Umsetzung des Subsidiaritäts- und des Föderalismusprinzips, die es zu erhalten gilt, zum anderen die historischen Verpflichtungen und die daraus resultierende Verantwortung der Mitgliedstaaten der EU gegenüber ehemaligen Kolonien, ehemaligen Gegnern und strategischen Partnern.

Die erwähnten ergänzenden Kompetenzen der Mitgliedstaaten finden ihre Grenzen nicht nur in den Grundsätzen des Verfassungsentwurfes, denen jedes Mitglied verpflichtet ist, sondern auch in der aufgrund von Artikel 109 ff. beschlossenen Europäischen Außen- und Sicherheitspolitik. Das Handeln gemäß gemeinsamer Werte gehört zu den Grundpfeilern eines geeinten Europas. Gerade auch diese Werte machen eine kohärente Europäische Außen- und Sicherheitspolitik erreichbar und eine Europäische Identität im internationalen System sichtbar.

Artikel 107 [Ziele der Europäischen Außenpolitik]

(1) Selbstverständlich stützt sich eine EU bestehend aus demokratischen und rechtsstaatlichen Ländern auf eben diese Werte und strebt die Wahrung des internationalen Friedens und der Sicherheit in der Welt an. Die historischen Erfahrungen Europas haben gezeigt, dass gemeinsame Werte friedensstiftend und – erhaltend wirken.

(2) Die in Abs. 1 genannten Werte und Ziele beeinflussen die Europäische Außenpolitik maßgebend. Ebenso stellen die Einhaltung und Förderung von Demokratie, Menschenrechten und sozialer Gerechtigkeit einen weiteren Maßstab für das außengerichtete Handeln der EU dar. Mit dem Bezug auf völkerrechtliche Grundlagen wird die EU ihr internationales Engagement in der Entwicklung, Achtung und Stärkung der Menschenrechte und Grundfreiheiten intensivieren.

Ferner muss es ein Ziel der EU sein, sich global für die Förderung einer nachhaltigen Umwelt- und Entwicklungspolitik einzusetzen.

Der Schutz der Umwelt und ihrer Ressourcen ist sowohl eine Zukunfts- als auch eine Gemeinschaftsaufgabe. Dabei müssen die Erhaltung der Umwelt und die Verbesserung ihrer Qualität, der Schutz der menschlichen Gesundheit, die bedachte und wirtschaftliche Verwendung der Ressourcen sowie die Förderung von Maßnahmen auf internationaler Ebene zur Bewältigung regionaler oder globaler Umweltprobleme im Vordergrund stehen.

Die Europäische Entwicklungspolitik umfasst die Förderung der politischen, sozialen und wirtschaftlichen Entwicklung von Drittstaaten, die eine Eingliederung der Entwicklungsländer in die Weltwirtschaft ermöglichen soll.

Die genauen Kompetenzen zur politischen Ausgestaltung der nach außen gerichteten Umwelt- und Entwicklungspolitik werden mit den etwaigen Fachkommissaren und ihren Verwaltungen in Einklang gebracht.

(3) Die EU als Teil der Weltgemeinschaft verpflichtet sich, ihre Außenpolitik gemäß der Charta der Vereinten Nationen zu gestalten. Im Zentrum ihres Handelns liegt die friedliche Konfliktbearbeitung und eine zunehmende Zivilisierung der internationalen Beziehungen. Die Stärkung internationaler Organisationen und des internationalen Rechts (den in Abs. 1 und 2 genannten Werten und Zielen entsprechend) sind Ausdruck der neuen Europäischen Identität auf weltpolitischer Ebene, die mit einer größeren Verantwortungsübernahme einhergeht. Daher muss es ein Ziel der Europäischen Außenpolitik sein, einen ständigen Sitz im Sicherheitsrat der Vereinten Nationen zu erhalten.

Artikel 108 [Vertretung der Europäischen Union nach außen]

(1) Die Außenvertretung der EU wird in erster Linie durch den Präsidenten der Kommission wahrgenommen. Er besitzt hinsichtlich der Europäischen Außenpolitik die Richtlinienkompetenz. Diese Regelung folgt dem Anspruch einer kohärenten Politik der EU nach innen wie nach außen.

(2) Die Leitung der Europäischen Außenpolitik wird vom Kommissar für Außenpolitik, der die Rolle des bisherigen Hohen Repräsentanten für die GASP und des Außenkommissars in einer Person vereinigt, in enger Abstimmung mit dem Präsidenten der Kommission übernommen. Der Kommissar für Außenpolitik handelt nach den Maßgaben dieses Verfassungsentwurfes, welcher ihm Initiativ- (Artikel 110 und 111) und Exekutivrechte (Artikel 112) zuspricht. Die Folge ist die Schaffung einer nach außen hin identifizierbaren Person, die für die Europäische Außenpolitik zuständig ist (die viel zitierte „Telefonnummer"). Eine weitere Auswirkung ist die Zusammenlegung der Verwaltungen des Hohen Repräsentanten und des Außenkommissars sowie eine verbesserte Zusammenarbeit mit der Kommission. Motiv und Ziel dieser Reform ist die Steigerung von Effizienz, Flexibilität und Transparenz im außenpolitischen Handeln der EU.

(3) Aufgrund der oben angeführten Erweiterungen der Aufgaben und Kompetenzen des Kommissars für Außenpolitik bedarf es der Einführung bzw. des Ausbaus eines Europäischen Außenamtes, das der Koordinierung, Ausarbeitung und Ausführung der außenpolitisch wichtigen Maßnahmen dient und dem der Kommissar für Außenpolitik vorsteht. Aus den vielfältigen Aufgaben ergibt sich die Notwendigkeit einer personellen und finanziellen Aufstockung des außenpolitischen Verwaltungsapparates.

Als Ausgestaltung der vergemeinschafteten Europäischen Außen- und Sicherheitspolitik werden sukzessive die nationalen Botschaften durch europäische ersetzt, um ein einheitliches Auftreten der EU in der Welt zu realisieren. Dabei soll den Mitgliedstaaten die Erhaltung von Konsulaten weiterhin möglich sein, d.h. sie können Dienststellen zur Wahrnehmung wirtschaftlicher und aus Artikel 106 Abs. 2 folgender Interessen in Drittländern einrichten.

(4) Da die Regelung der genauen Struktur des neuen Europäischen Außenamtes nicht Bestandteil der Verfassung sein kann, muss diese durch ein spezielles europäisches Gesetz ausformuliert werden. Das neue Europäische Außenamt übernimmt das Personal der GASP und arbeitet eine bürokratisch vereinfachte und effizientere Struktur aus.

Artikel 109 [Außenpolitische Instrumente]

Bei der Vergemeinschaftung der Außenpolitik entsteht ein Spannungsverhältnis zwischen Union und den Souveränitätsvorbehalten der Mitgliedstaaten im Bereich der Außenpolitik. Diesem wurde z.T. in der Kompetenzverteilung des Art. 106 Rechnung getragen, die den Mitgliedstaaten ein Minimum an außenpolitischer Kompetenz überlässt. Zum Anderen musste aber den Mitgliedstaaten auch die Möglichkeit zur Mitbestimmung auf europäischer Ebene gegeben werden, um sie für die verlorenen Kompetenzen zu entschädigen und zugleich die Beschlüsse der europäischen Institutionen auf eine möglichst breite Akzeptanzbasis zu stellen.

Ein zweites Spannungsfeld tat sich auf zwischen der demokratischen Legitimation außenpolitischer Entscheidungen, die eine möglichst breite Mitwirkung möglichst vieler demokratisch legitimierter Institutionen verlangt, und der außen- und sicherheitspolitischen Handlungsfähigkeit, die gerade in Zeiten der Krise ein rasches Handeln der Exekutive nötig erscheinen lässt.

Um diesen Zielkonflikt aufzulösen, wurde ein abgestuftes Instrumentarium entwickelt, auf dessen „oberster" Ebene, der Strategie, eine möglichst breite Einbindung des Parlaments sowie der Mitgliedstaaten erreicht werden soll, während auf der „untersten" Ebene, der außenpolitischen Aktion, das Handeln der Exekutive, im Krisenfall auch ohne parlamentarischen Beschluss, festgeschrieben wird. Entsprechend zur demokratischen Legitimation gestalten sich Umfang und Bedeutung der außenpolitischen Instrumente der EU.

Den ersten Schritt im Rahmen einer europäischen Außenpolitik macht die außenpolitische Strategie. Sie stellt zugleich die zentrale Beteiligungsmöglichkeit der Mitgliedstaaten im außenpolitischen Prozess dar. In ihr werden die langfristigen Ziele der Außenpolitik der EU festgelegt. Die folgenden Schritte der Außenpolitik der EU, also Beschluss und die Aktion, können auf der Grundlage einer Strategie ergehen, die sich mit dem entsprechenden geographischen oder thematischen Gebiet befasst. Daher ist es notwendig, die Strategie möglichst weit zu fassen, um die EU nicht von vornherein handlungsunfähig zu machen bzw. in ihrer Handlungsfähigkeit stark einzuschränken. Eine genauere Definition erfolgt daher an dieser Stelle nicht.

Die zentrale Bedeutung innerhalb des außenpolitischen Instrumentariums hat der außenpolitische Beschluss. Er regelt auf der Basis einer Strategie für bestimmte geographische oder thematische Gebiete konkrete Handlungsalternativen der EU und besitzt insofern einen Status ähnlich dem einer Resolution. An ihm wirken das Parlament und die Kommission mit. Eine Einbeziehung der Mitgliedstaaten ist auf dieser Ebene nur noch durch ein suspensives Veto vorgesehen. Um eine willkürliche Ausdehnung der Mitbestimmungsbefugnisse der Mitgliedstaaten durch die extensive Interpretation der Bestimmungen zur Strategie zu verhindern, wurde dem Beschluss eine relativ harte Definition unterlegt. Vor allem die zeitliche Schranke wirkt als Grenze für expansive Tendenzen der Mitgliedstaaten. Dabei gilt als ein „ kurz- bis mittelfristiger Zeitraum" eine Spanne von max. 10 Jahren.

Im letzten Konkretisierungsschritt führt der Kommissar für Außenpolitik die Außenpolitik der EU auf der Basis der außenpolitischen Beschlüsse und Strategien durch außenpolitische Aktionen. Dies sind die rein exekutiven Handlungen, mit denen die EU aktiv ihre Außenpolitik gestaltet.

Im zweiten Absatz wird die Bindungswirkung der außenpolitischen Instrumentarien gegenüber den Mitgliedstaaten normiert. Diese auf den ersten Blick sehr harte Vorschrift wird deutlich gelockert durch die Mitbestimmungsbefugnisse der Mitgliedstaaten in der europäischen Außenpolitik, sowie die bei ihnen verbleibenden Kompetenzen des Art. 106 sowie des Titels IX Kap II. Letztlich wird an dieser Stelle also lediglich der Grundsatz der Beachtung von EU- Recht bzw. der Respektierung der EU- Politik festgelegt.

Artikel 110 [Außenpolitische Strategie der Europäischen Union]

In diesem Artikel wird das Zustandekommen einer außenpolitischen Strategie der EU normiert. Dabei ist zu unterscheiden zwischen 1. Initiativrecht, das Absatz 1 festlegt und 2. der Beschließung, die in beiden Absätzen teilweise geregelt wird.

Initiativrecht

Das Initiativrecht zu einer außenpolitischen Strategie der EU ist verteilt auf:

a) den Präsidenten der Kommission als das Mitglied der Exekutive mit Richtlinienkompetenz auch in außenpolitischen Fragen.

b) das Parlament, das als einziges direkt demokratisch legitimiertes Organ das Recht haben soll, die Zielsetzung der EU mitzugestalten. Über die 5%-Klausel wird das Initiativrecht de facto den Fraktionen zuerkannt, (sofern die deutsche Definition von Fraktion übernommen wird), ohne aber fraktionsübergreifende Initiativen zu verhindern.

c) die Staatenkammer, über deren Mitglieder die Einzelstaaten die EU auf ein außenpolitisches Gebiet aufmerksam machen können, das ihrer Meinung nach der Bearbeitung bedarf. Das Erfordernis, dass fünf Mitglieder der Staatenkammer der Initiative zustimmen müssen, soll sicher stellen, dass eine Initiative tatsächlich von mehreren Mitgliedstaaten getragen wird und somit einer grundsätzlicheren Problemwahrnehmung der Mitgliedstaaten entspricht. Zugleich soll damit eine Überfrachtung des außenpolitischen Prozesses durch partikulare Interessen vereinzelter Staaten entgegengewirkt werden.

Beschlussfassung:

a) Die Beschlussfassung läuft zunächst über die Kommission, die mit relativer Mehrheit der Initiative zustimmen muss. Diese Stufe dient dazu, den außenpolitischen Sachverstand der dem Kommissar für Außenpolitik unterstellten Bürokratie in die Initiative einfließen zu lassen. Zudem soll die Kommission als letztlich handelndes Organ frühzeitig in die Einscheidungsfindung einbezogen werden. Die relative Mehrheit soll verhindern, dass eine Minderheit in der Kommission de facto eine Veto- Macht gegenüber Parlament und Staatenkammer bekommt, die als legislative Gremien die zentralen Akteure bei der Verabschiedung einer Strategie sein sollen.

b) Aus der übergeordneten Bedeutung, die der Strategie zukommt, erklärt sich das Erfordernis der absoluten Mehrheit in Parlament und Staatenkammer.

Die Problematik, dass die Mitgliedstaaten über die Staatenkammer untaugliche Strategien erlassen, um in Krisenfällen über eine dann erneut nötige Strategie den Beschluss zu unterlaufen, wird dadurch gelöst, dass eine Verabschiedung der Strategie in beiden Kammern notwendig ist. Da das Parlament bei der Beschlussfassung das entscheidende Organ ist und ihm darüber die zentrale Bedeutung bei der europäischen Außenpolitik zukommt, wird es an dieser Stelle als Wächter seiner Kompetenzen agieren und entsprechenden Initiativen seine Zustimmung verweigern.

Artikel 111 [Außenpolitischer Beschluss der Europäischen Union]

Dient die Strategie vornehmlich der Einbeziehung und Abgleichung von Interessen und Motiven verschiedener Organe sowie der Mitgliedstaaten, so soll im Beschluss die demokratische Legitimation der Außenpolitik der EU stattfinden. Daher liegt der Schwerpunkt in diesem Bereich auf dem Parlament, während die Staatenkammer als Mitwirkungsorgan der Mitgliedstaaten deutlich weniger Mitbestimmungsmöglichkeiten hat.

Initiativrecht

a) Innerhalb der Kommission hat neben dem Präsidenten der für operative Außenpolitik zuständige Kommissar das Initiativrecht. Aufgrund der ihn unterstützenden Fachbürokratie ist zu erwarten, dass in der Praxis das Gros der Beschlussinitiativen auf europäischer Ebene von ihm ausgehen wird.
b) Für das Parlament gilt derselbe Modus wie bei der Strategie, auch hier mit der Begründung der direkten demokratischen Legitimation dieses Organs.
c) Auch für den Beschluss besitzen fünf der Mitglieder der Staatenkammer das Initiativrecht. Damit soll gewährleistet werden, dass die Mitgliedstaaten ihre Interessen in den außenpolitischen Entscheidungsprozess einbringen können. Die letzte Entscheidung verbleibt dessen ungeachtet bei dem direkt demokratisch legitimierten Parlament.

Beschlussfassung

In die Fassung eines außenpolitischen Beschlusses sind mit der Kommission und dem Parlament primär die beiden Organe eingebunden, bei denen am wenigsten Einwirkungsmöglichkeiten durch die Mitgliedstaaten gegeben sind. Der Staatenkammer kommt demgegenüber nur ein suspensives Veto zu, bei dessen

Überstimmung allerdings ihrer Bedeutung im europäischen Institutionengefüge Rechnung getragen wird. Das bedeutet konkret, dass ein Veto der Staatenkammer im Parlament nur mit absoluter Mehrheit überstimmt werden kann. Eine Beschlussvorlage, die von einer einfachen Mehrheit der Mitgliedstaaten der EU abgelehnt wird, kann somit nur in Kraft treten, wenn es innerhalb der Volksvertretung auf europäischer Ebene einen starken Konsens zugunsten des Beschlusses gibt. Bei der gesteigerten Bedeutung, die das Erfordernis der absoluten Mehrheit zur Überstimmung eines Vetos der Staatenkammer gibt, wahrt sie zugleich die Vorrangigkeit der im Europäischen Parlament versammelten Volksvertreter.

Um die darüber hinausgehenden Blockademöglichkeiten weitgehend einzuschränken, wird für den Beschluss die einfache Mehrheit im Parlament verlangt. Während für eine außenpolitische Strategie also ein weitgehender Konsens verschiedener Interessengruppen und ihrer politischen Vertretung gefunden werden muss, besteht bei der Fassung eines Beschlusses innerhalb des voraussichtlich parlamentarischen Systems der EU eine weitgehende Handlungsfreiheit der Kommission und der sie tragenden Parlamentsfraktionen, d.h. der De-facto-Regierung, eingeschränkt lediglich durch die Kontrollfunktion der Staatenkammer.

Dass der Staatenkammer bei der Fassung des Beschlusses lediglich ein suspensives Veto eingeräumt wird ist legitim, da ihre Aufgabe primär in der Durchsetzung einzelstaatlicher Interessen innerhalb des politischen Systems der EU, d.h. in der Wahrung des Subsidiaritätsgrundsatzes liegt. Diesem Grundsatz wird für den Bereich der Außenpolitik bereits in Art. 106 deutlich Rechnung getragen, so dass im Rahmen der originär europäischen Außenpolitik die Mitbestimmung der Staaten, die zu sichern letztlich die Aufgabe der Staatenkammer ist, zugunsten der Handlungsfähigkeit der EU zurücktritt.

Der Einsatz militärischer Gewalt ist ein Sonderfall der Außenpolitik, der eine besondere parlamentarische Kontrolle notwendig macht. Insofern ist die in Artikel 120, auf den Absatz 3 verweist, vorgesehene absolute Mehrheit in Parlament und Staatenkammer angemessen. Das Heer der Europäischen Union ist somit eine „Parlamentsarmee" ähnlich der Bundeswehr nach der Definition des Bundesverfassungsgerichts. Zudem verdeutlicht dieser Verweis noch einmal die bereits in Artikel 107 festgeschriebene Identität der Europäischen Union als Zivilmacht.

Artikel 112 [Außenpolitische Aktion der Europäischen Union]

In diesem Artikel wird die Außenpolitische Aktion als die eigentliche Handlungsform der Union, d.h. die exekutive Umsetzung der legislativen Vorgaben, normiert.

Zentraler Akteur ist dabei der Kommissar für Außenpolitik, der bei seinen Handlungen allerdings an den außenpolitischen Beschluss gebunden ist. Die einzige Ausnahme hiervon bilden Krisensituationen, in denen ein sofortiges Handeln der Exekutive zur Wahrung von Interessen der EU angebracht erscheint.

Dass die europäische Außenpolitik im Einvernehmen mit dem Präsidenten der Kommission geführt wird, normiert noch einmal die Richtlinienkompetenz des Präsidenten auch in außenpolitischen Fragen.

Artikel 113 [Beziehungen zu den Nachbarstaaten]

Dieser Artikel übernimmt in Hinblick auf die Nachbarstaaten die Funktion der bisherigen Assoziierungsvorschriften, geht aber über diese hinaus, da der Inhalt der „besonderen Beziehungen" nicht näher definiert ist. Die wirtschaftliche Entwicklung der unmittelbaren Nachbarstaaten der EU ist dabei gleichwohl ein vordringliches Ziel, um auf diesem Weg den Raum der Freiheit, der Sicherheit und des Rechts über die „Außengrenzen" der EU hinaus auszudehnen, ohne die Nachbarstaaten in die Union aufzunehmen (aufnehmen zu müssen). Ein weiterer Aspekt dieser besonderen Beziehungen ist der kulturellen Austauschs, um dadurch das Verstehen zwischen den Völkern und Staaten zu verbessern. Die Aufgabe der Assoziierungsabkommen mit den überseeischen Ländern und Hoheitsgebieten entfällt im Prinzip ersatzlos, da die Verfassung als Geltungsbereich auch diese Gebiete umfasst bzw. die Mitgliedstaaten darauf hinarbeiten sollen, eine entsprechende Geltung herbeizuführen. Im Hinblick auf sonstige Assoziierungen oder Verträge mit entwicklungspolitischem Inhalt kann sich die EU ihrer allgemeinen Vertragsschlusskompetenz bedienen, ohne dabei Beschränkungen zu unterliegen.

Der EU ist aufgetragen, diese besonderen Beziehungen zu unterhalten, wobei es ihr im Prinzip freisteht, welche Rechtsform sie diesen Beziehungen geben will. Gemäß Abs. 2 kann dies auch in Form von völkerrechtlichen Verträgen erfolgen, wenngleich es nicht die einzige Rechtsform sein muss. Eine Besonderheit stellt in dem Zusammenhang die Möglichkeit dar, auch besondere Beziehungen mit Nachbarstaaten von überseeischen Ländern und Hoheitsgebieten der Mitgliedstaaten einzugehen. Da die „besonderen Beziehungen" eine herausgehobene Stellung im gesamten völkerrechtlichen Instrumentarium der EU einnehmen, kann auf diesem Weg die Wichtigkeit eines oder mehrerer Staaten für die EU hervorgehoben werden.

Kapitel II [Sicherheit und Verteidigung]

Henning Bock (Artikel 114 Abs. 1, 119-121), Markus M. Nöhl (Artikel 114 Abs. 2, 122) und Thomas Zastrow (Artikel 115-118)

Artikel 114 [Europäische Sicherheits- und Verteidigungspolitik]

(1) Die EU hat in der Folge des Kölner Gipfels die sogenannten Petersberg-Aufgaben zur Krisenbewältigung im Vertrag von Nizza rechtlich fixiert. Nach dem hier vorliegenden Verfassungsentwurf, der die Außenpolitik zum allergrößten Teil in die Kompetenz der EU verweist (siehe Titel IX, Kapitel 1, Europäische Außen- und Sicherheitspolitik, insbesondere Artikel 106) liegt es nahe, die Aufgaben zu übernehmen, ggf. zu erweitern und in die Zuständigkeit der EU zu legen.

Die in diesem Entwurf festgehaltenen Aufgaben umfassen sowohl zivile Komponenten als auch militärische, wie sie schon in den Petersberg-Aufgaben definiert wurden. Neu hinzugekommen ist die Terrorismusbekämpfung, die damit ebenfalls zu einer zentralen sicherheitspolitischen Aufgabe der EU gemacht wird. Dabei ist nicht die Terrorismusbekämpfung innerhalb der Grenzen der EU gemeint, vielmehr ist sie nach außen gerichtet. Es handelt sich z.B. um geheimdienstliche oder polizeiliche Unterstützung von Drittstaaten oder um einen Einsatz militärischer Mittel, sofern sie notwenig sind.

Die zivilen Instrumente der Krisenprävention und -bewältigung, z.B. Wahlbeobachtung, Hilfe beim Aufbau einer funktionierenden Verwaltung, Finanzhilfen, Lebensmittellieferungen etc., stehen klar im Vordergrund der Europäischen Sicherheitspolitik. Zur Krisenbewältigung werden die zivilen Mittel bevorzugt vor den militärischen Instrumenten eingesetzt, denn das vorrangige Ziel der Außenpolitik der EU ist gemäß Artikel 107 die Gestaltung der internationalen Politik mit friedlichen Mitteln. Gleichwohl müssen Ressourcen für eine militärische Reaktion bereitgestellt werden, gleichzeitig besteht hier ein höherer Regelungsbedarf in der Verfassung, der den Primat der Politik über das Militär sichert, was mit Titel IX, Kapitel II: Sicherheit und Verteidigung geleistet werden soll. Der Einsatz militärischer Kräfte bei Rettungseinsätzen, friedenserhaltenden und friedensschaffenden Maßnahmen sowie bei der Terrorismusbekämpfung nach Artikel 114 wird in Artikel 120 geregelt.

Einsätze zur Krisenbewältigung, sowohl ziviler als auch militärischer Natur, sollen in enger Zusammenarbeit mit anderen Akteuren wie UNO, OSZE und NATO erfolgen; ebenso können – wie bisher – interessierte Drittstaaten mit der EU bei solchen Einsätzen zusammenarbeiten.

(2) Während des Gipfeltreffens des Europäischen Rates 1999 in Helsinki beschlossen die Staats- und Regierungschefs im Zuge der Herausbildung einer Europäischen Sicherheits- und Verteidigungspolitik (ESVP) die West EU (WEU) in die Strukturen der EU (EU) zu überführen. Neben der Umsetzung der Petersberger Aufgaben war die kollektive Verteidigung der Bündnispartner Hauptaufgabe der WEU. Diesem Prozess trägt die Inkorporierung der kollektiven Verteidigung in Artikel 114 Abs. 2 Rechnung. Im Zuge der Herausbildung einer Gemeinsamen Außen- und Sicherheitspolitik (GASP) ist die gegenseitige Verpflichtung zum Schutz des jeweiligen nationalen Territoriums nur konsequent. Je stärker die Union nach innen zusammenwächst und nach außen als „single actor" auftritt, um so vernünftiger wird es, auch die Bündnistreue zur kollektiven Verteidigung der EU-Staaten untereinander zu dokumentieren.

Schon heute sind die meisten der Mitglieder der EU diese Bindung bereits eingegangen, indem sie den WEU- oder den NATO-Vertrag unterschrieben haben. Durch die Erweiterung der Union nach Süden und Osten mit der nächsten Erweiterungsrunde wird diese Dominanz der bereits im Bündnis zugesicherten Verteidigungs- und Schutzleistungen noch größer. Die in der EU vertretenen neutralen und blockfreien Staaten Irland, Finnland, Österreich und Schweden haben bereits in der Vergangenheit bewiesen, das sie entsprechende Entwicklungen der militärischen und verteilungspolitischen Kooperation durchaus willig mitschreiten, wenn auch mit rhetorischen Vorbehalten. Es ist klar, dass eine Inkorporierung der kollektiven Verteidigung in die Verfassung der EU in diesen Ländern zu großen Debatten führen wird, da die Neutralität ein Kernpunkt ihrer nationalen Identität geworden ist. Doch zeigt die bereits genommene Entwicklung der GASP und der Gemeinsamen Europäischen Sicherheits- und Verteidigungspolitik, dass diese Länder aus Erwägungen nationalen Interesses die zum Teil weitreichenden Entwicklungen der letzten Jahre und hier vor allem seit 1998 mitgegangen sind. Eine Überprüfung ihres Neutralitätsstatus würde schon heute zu der Erkenntnis führen, dass eine Entwicklung von neutralen zu blockfreien Staaten stattgefunden hat. Daher ist es sehr wahrscheinlich und politisch wünschenswert, dass die betroffenen Staaten eine Einfügung der kollektiven Verteidigung mit

Unterzeichnung der Europäischen Verfassung in das jeweilige Verfassungswerk ermöglichen.

In der Verfassung wurde festgehalten, dass in einem Angriffsfalle grundsätzlich alle zur Verfügung stehenden Mittel zur Verteidigung des eigenen nationalen sowie des Territoriums der EU eingesetzt werden. Im Gegensatz zum NATO Vertrag, der nur Mittel vorsieht, die die Vertragspartner als „für erforderlich erachte[n]", wurde explizit der „harte" Passus des WEU Vertrages übernommen, dass jegliche „militärische und sonstige Hilfe und Unterstützung" zu erbringen ist. Dies scheint nur konsequent zu sein, da, wie bereits erwähnt, der Rat von Helsinki die Überführung des WEU Vertrages in die EU Vereinbarungen der zweiten Säule vorgesehen hat. Doch auch im Hinblick auf die gewollte Tendenz der Vergemeinschaft und Hinentwicklung zu einem gemeinsamen Staatswesen wird diese Lösung als ein deutlicheres Zeichen gesehen. Die Konsequenz soll allerdings nicht eine stärkere Militarisierung der EU sein. Es bleibt dem europäischen Oberkommando überlassen, die Verteidigungsmaßnahmen zu koordinieren und entsprechende Kräfte und Reaktionen anzufordern. Die Palette der Möglichkeiten wird weiterhin die gleiche sein, gibt aber der europäischen Ebene die Zuständigkeit zur Einforderung der gewünschten Mittel.

Artikel 115: [Europäische Streitkräfte]

Drei Szenarien, den generellen Aufbau Europäischer Streitkräfte betreffend, scheinen möglich zu sein:

a) Die nationalen Armeen stellen den Europäischen Streitkräften Truppenkontingente, Material, Ausrüstung usw. zur Verfügung
b) Die nationalen Armeen bleiben wie bisher bestehen, *zusätzlich* werden Europäische Streitkräfte aufgebaut
c) Europäische Streitkräfte lösen die nationalen Armeen komplett ab

Das Szenario b) erscheint den Anforderungen am besten gewachsen zu sein: Zusätzlich zu den nationalen Armeen baut die EU eigene Streitkräfte mit eigenen Truppen, Material, Ausbildungsmöglichkeiten etc. auf. Dabei wird bewusst auf die Nennung von Truppenstärken verzichtet da sich diese den weltpolitischen Anforderungen anpassen können müssen. Der Begriff "Europäische Streitkräfte" umfasst militärische Einheiten zu Lande, zu Wasser und in der Luft. Die vielfältigen Aufgaben und *Out-of-Area*-Einsätze der Europäischen Streitkräfte lassen eine Berufsarmee zwingend notwendig erscheinen.

Ein eigener Verteidigungshaushalt ermöglicht der EU eine von den Nationalstaaten unabhängige Planung und Ausgestaltung der Europäischen Streitkräfte.

Seine Zusammensetzung orientiert sich an den in anderen Teilen dieser Verfassung vorgegebenen Finanzierungsmöglichkeiten der EU.

Es ist wahrscheinlich, dass in den meisten Mitgliedstaaten der EU Aufgaben, die momentan noch von den nationalen Streitkräften wahrgenommen werden, auf die Europäischen Streitkräfte übertragen werden können. Die gesamten Ausgaben für Sicherheit und Verteidigung in der EU, also die Summe aller nationalen Verteidigungshaushalte plus den Verteidigungshaushalt der EU, werden auf längere Sicht durch die erzielten Synergieeffekte sinken.

Artikel 116 [Oberbefehl]

Parallel zu den Strukturen der NATO werden die Europäischen Streitkräfte unter ein eigenständiges und einheitliches Oberkommando gestellt. Der neu zu schaffende Kommissar für Verteidigung erhält im Friedensfall den Oberbefehl, im Verteidigungsfall geht dieser auf den Präsidenten der Kommission über (vgl. Artikel 67 Abs. 3).

Reichen die Europäischen Streitkräfte für die Beilegung einer Krise bzw. eines Krieges nicht aus und werden nationale Streitkräfte von den Mitgliedstaaten angefordert, so unterstehen diese für die Dauer des Einsatzes ebenfalls dem Europäischen Oberkommando (vg. Artikel 120 Abs. 2).

Die bereits in der ESVP bestehenden Institutionen zur Koordinierung der militärischen Einsätze werden in das neue Oberkommando integriert. Im Einzelnen wären dies:

1) Ständiges Politische und Sicherheitspolitische Komitee (PSK)
2) Militärausschuss der EU (EUMC)
3) Militärstab der EU (EUMS)

Artikel 117 [Verteidigungsausschuss]

Es wird ein ständiger Verteidigungsausschuss eingerichtet. Dieser hat gleichzeitig die Aufgaben eines Untersuchungsausschusses und wird nach der Geschäftsordnung des Parlaments bestellt. Im Gegensatz zum bundesdeutschen Verteidigungsausschuss sollte ein europäischer Verteidigungsausschuss zugunsten größerer Transparenz offen, also für jeden Interessierten zugänglich, tagen.

Hierbei handelt es sich um ein wichtiges Instrument zur parlamentarischen Kontrolle der militärischen Einrichtungen der EU. Seine ständige Verfügbarkeit sowie die relativ einfache Einsetzung einer Untersuchung (auf Antrag eines Viertels seiner Mitglieder) garantieren zusammen mit den Artikeln 120 bis 122 den „Primat der Politik".

Artikel 118 [Nationale Streitkräfte]

Die Europäischen Streitkräfte sollen die nationalen Armeen nicht ersetzen, sondern ergänzen (siehe Artikel 115 und 118): Die Nationalstaaten behalten weiterhin das Recht, eigene Streitkräfte aufzubauen und zu unterhalten. Sollen diese - außer zum Zweck der Landesverteidigung - außerhalb des EU-Gebietes eingesetzt werden, so darf ein solcher Einsatz nur im Einklang mit der Politik der EU stattfinden. Im schlimmsten Falle wäre sonst ein Szenario, in dem sich die Europäischen Streitkräfte der nationalen Armee eines Mitgliedstaates gegenüber sehen, denkbar. Sollte die allgemeine Richtung der EU allzu stark von der eines Mitgliedlandes abweichen, so hat die Politik der EU Vorrang. Das nicht zustimmende Land hat alle den Handlungen der EU zuwiderlaufende Maßnahmen zu unterlassen. Eine enge Abstimmung mit der NATO über militärische Einsätze sowohl der Europäischen Streitkräfte als auch nationaler Einheiten ist unbedingt erforderlich.

Im Falle der Landesverteidigung können die nationalen Streitkräfte von den Europäischen Streitkräften im Sinne der kollektiven Verteidigung (siehe auch Artikel 122) unterstützt werden.

In Artikel 118, Abs. 3 ist mit "individueller Selbstverteidigung" das Recht der einzelnen Staaten auf Verteidigung gemäß Artikel 51 der Charta der Vereinten Nationen gemeint.

Artikel 119 [Gemeinsame Rüstungspolitik]

Um die EU im Rahmen der von ihr zu übernehmenden Verantwortung gemäß der erweiterten Petersberg-Aufgaben (Artikel 114 Abs. 1) und der Kollektiven Verteidigung (Artikel 114 Abs. 2) handlungsfähig zu machen, bedarf es nicht nur der Aufstellung eigener Streitkräfte, sondern auch einer kohärenten Rüstungspolitik. Deshalb werden die EU und ihre Mitgliedstaaten zu einer koordinierten, gemeinsamen Rüstungspolitik verpflichtet.

Da die EU-eigenen Streitkräfte und die nationalen Armeen der Mitgliedstaaten, wie in den Artikeln 120 und 121 dargelegt, bei Auslandseinsätzen und im Verteidigungsfall gemeinsam operieren, ist es notwendig, dass ihre Waffensysteme miteinander kompatibel sind. Dies kann zuverlässig durch eine schon bei der Rüstung beginnende enge Zusammenarbeit aller Mitgliedstaaten und der EU gewährleistet werden.

Hinzu kommt ein finanzieller Vorteil. Man kann davon ausgehen, dass die Entwicklungskosten für kompatible Waffensysteme durch gemeinsame Entwicklung erheblich gesenkt werden, damit reduzieren sich ebenfalls die Anschaffungskosten dieser Waffensysteme für die Mitgliedstaaten. Notwendige militärische Neuentwicklungen, deren Kosten für Entwicklung und Anschaffung einen Staat alleine erheblich belasten oder gar überfordern würden, können so dank eines größeren finanziellen Rahmens zügig durchgeführt werden. Ansätze zu einer solchen länderübergreifenden Rüstungspolitik in Europa waren schon bei der Entwicklung des Euro-Fighters und der Anschaffung des Airbus 400 Transportflugzeuges zu erkennen. Eine noch kompaktere, auf gesamt-EU Ebene koordinierte Rüstungspolitik würde es auch ermöglichen, größere Waffensysteme (z.B. Flugzeugträger oder militärische Aufklärungssatelliten) zur Verfügung zu stellen. Damit kann die EU weltweit ihre Position in der Krisenbewältigung ausbauen und sich zu einem echten sicherheitspolitischen Partner der USA entwickeln.

Die genaue Ausgestaltung der gemeinsamen Rüstungspolitik wird in diesem Artikel offengelassen; denkbar wäre die Schaffung einer europäischen Agentur für Rüstungsangelegenheiten, die die Koordination des Bedarfs und der Entwicklung von Rüstungsgütern übernimmt.

Die gemeinsame Rüstungspolitik berechtigt die EU nicht, die Mitgliedstaaten bei der Aufstellung ihrer eigenen nationalen Streitkräfte, was deren Umfang und Art anbelangt, zu reglementieren; diese Entscheidung verbleibt in Anlehnung an Artikel 118 in der Zuständigkeit der einzelnen Mitgliedstaaten.

Artikel 120 [Einsatz von Streitkräften außerhalb des Hoheitsgebietes der Europäischen Union]

Für einen Einsatz der Europäischen Streitkräfte außerhalb des Hoheitsgebietes der EU ist immer die Zustimmung des Europäischen Parlamentes und der Staatenkammer notwendig; Ausnahmefälle werden von vorneherein stark eingeschränkt (Artikel 120). Damit soll verhindert werden, dass die Exekutive, unter deren Oberkommando die Europäischen Streitkräfte stehen, die Truppen eigenmächtig entsendet und das Parlament vor vollendete Tatsachen stellt und somit eine Ablehnung des Einsatzes praktisch unmöglich macht.

Ist die erfolgreiche Durchführung eines Auslandseinsatzes nicht gewährleistet, weil die Europäische Streitkräfte dies personell und materiell alleine nicht leisten können, besteht die Möglichkeit, nationale Streitkräfte zur Unterstützung heranzuziehen. Auf Antrag des Verteidigungskommissars und mit Zustimmung von Europäischem Parlament und Staatenkammersollen die Mitgliedstaaten angemessene Kontingente zur Verfügung stellen, die dann unter dem Oberbefehl des Verteidigungskommissars stehen. Auf eine Muss-Formulierung wurde hier bewusst verzichtet, da die Mitgliedstaaten, die im Senat gegen einen solchen Einsatz gestimmt haben, hier nicht ihres Mitspracherechts zum Einsatz ihrer Truppen beraubt werden sollen.

Artikel 121 [Begrenzte Einsätze]

Ausnahmen von der Notwendigkeit der Zustimmung des Europäischen Parlamentes und der Staatenkammer zu Einsätzen der Streitkräfte außerhalb des Hoheitsgebietes der EU werden enge Grenzen gesetzt. EU-Präsident und Verteidigungskommissar können einen Auslandseinsatz anordnen; jedoch nur wenn a) das Leben von EU-Bürgern unmittelbar bedroht ist und b) eine Parlamentsentscheidung eine nicht hinnehmbare Verzögerung darstellen würde (Gefahr im Verzug). Ein solcher Fall kann eintreten, wenn es zu einer Krisensituation kommt, zu der noch kein außenpolitischer Beschluss vorliegt, der einen eventuellen militärischen Einsatz abdecken würde. Damit ist also ein begrenzter Auslandseinsatz auf die in Artikel 114 Abs. 1 genannten Rettungseinsätze beschränkt, sie sind nicht für friedenserhaltende oder –schaffende Maßnahmen vorgesehen. Es dürfen bei einem solchen begrenzten Einsatz nur die Europäischen Streitkräfte eingesetzt werden; der Rückgriff auf nationale Truppenkontingente bedarf der Zustimmung beider Kammern.

Um jedoch in diesem Ausnahmefall Parlament und Staatenkammer jederzeit ein Mitspracherecht einzuräumen, sind sie sofort nach Anordnung eines solchen Einsatzes zu informieren. Jede Kammer kann auf Antrag eines Viertels ihrer Mitglieder über den von der Kommission angeordneten Einsatz abstimmen. In diesem Fall wird die Angelegenheit auch der jeweils anderen Kammer zur Beschlussfassung vorgelegt. Der Einsatz muss abgebrochen werden, wenn beide Kammern die Zustimmung verweigern; die Ablehnung nur einer Kammer reicht für einen Abbruch nicht aus. Kommt es zu keiner Abstimmung oder stimmt nur eine Kammer dagegen, bleibt der Einsatz auf 30 Tage begrenzt. Stimmen beide Kammern zu, ist eine Verlängerung über die gesetzte Frist und die Einbeziehung nationaler Streitkräfte möglich.

Artikel 122 [Verteidigungsfall]

Unter Artikel 122 werden die Modalitäten und Verfahrensweisen im Hinblick eines Verteidigungsfalles erläutert. Die Feststellung des Verteidigungsfalles und somit der kollektiven Verteidigung wird dem Europäischen Parlament und der Staatenkammer übertragen, die mit einer Zweidrittelmehrheit zustimmen müssen. Der Antrag kann von der Regierung des angegriffenen Mitgliedstaates oder durch die Kommission als Vertretung des Gemeinwesens eingebracht werden. Die Hürden zur Feststellung wurden mit Bedacht hoch angelegt, um einen Missbrauch dieser Regelung zu verhindern. So kann die volle demokratische Überwachung und Kontrolle durch das Parlament und den Senat verwirklicht werden. Die Verkündung durch den Präsidenten der Kommission gilt als reine Formalie und ist nicht als bindend für eine Umsetzung der Maßnahmen zur kollektiven Verteidigung anzusehen.

Folgend Artikel 118 Abs. 3 bleibt das individuelle Recht auf Selbstverteidigung ausgenommen von der demokratischen Überwachung durch die europäischen Institutionen. Ein angegriffenes Land hat das Recht, den eigenen Regelungen zur Feststellung des nationalen Verteidigungsfalls und der individuellen Verteidigung zu folgen und somit entsprechende Maßnahmen einzuleiten. Das EP und der Senat verfügen somit nur über die Mobilisierung der Streitkräfte der Union und über die Feststellung, dass die Mitgliedstaaten der EU ihren entsprechenden Teil zur kollektiven Verteidigung nach Artikel 114 Abs. 2 zu leisten haben.

Die Koordinierung und die Befehligung der europäischen und der nationalen Streitkräfte werden dem europäischen Oberkommando übertragen, welches die geeigneten Maßnahmen zur Abwehr von feindlichen Kampfverbänden auf dem Territorium der EU einleitet und durchführt.

Im Hinblick auf die Definition des Angriffes soll eine sehr eng gefasste Auslegung angewendet werden. Unter Angriff versteht man das gewaltsame und unerlaubte Einrücken von feindlichen Kampfverbänden, die den Kombattantenstatus besitzen, auf das Hoheitsgebiet der EU. Die Feststellung eines unmittelbar bevorstehenden Angriffes soll nur unter Einbeziehung unmissverständlicher und eindeutiger Beweise von Seiten der Antragssteller möglich sein. Trotzdem muss auf die moralische und politische Verantwortung der Parlamentarier vertraut werden.

Nach Feststellung des Verteidigungsfalles geht die Obergewalt über die europäischen Streitkräfte vom Kommissar für Verteidigung, der den Oberfehl laut

Artikel 116 inne hat, und von den nationalen Streitkräften, wo der Oberbefehl nationaler Regelungen folgt, auf den Präsidenten der Europäischen Kommission über. Dies wird als nötig empfunden, da der Präsident der Europäischen Kommission eine höhere demokratische Legitimation besitzt und seine Richtlinienkompetenz in der Kommission ihm sowieso eine faktische Obergewalt über das Militär zugestanden hätte. Durch die Maßnahme kann dem Parlament eine direkte Überwachung des Oberkommandos - dessen Vorsitz der Präsident der Kommission in Folge übernimmt - ermöglichen.

Titel X: Die Zugehörigkeit zur EU

Katharina Dahl (Artikel 126) und Björn Hermann (Artikel 123-125)

Artikel 123 [Beitritt zur Europäischen Union]

Die Voraussetzungen, um den Mitgliedschaftsantrag zu stellen, sind in diesem Artikel bewusst weit gehalten, wenngleich die Verweisung auf die in den Artikeln 1 bis 59 enthaltenen Ziele, Werte und Grundrechte eine nicht unerhebliche Hürde darstellen kann: Es ist damit unabdingbare Voraussetzungen, dass ein beitrittswilliger Staat (inner-) staatsrechtlich dem Prinzip der liberalen Demokratie folgt. Die weitere Voraussetzung, dass es sich um einen „europäischen" Staat handeln muss, ist in Satz 1 nicht genau definiert, so dass theoretisch verschiedene Begriffe dessen, was Europa ist, angewendet werden könnten. Eine diesbezügliche Einschränkung findet sich jedoch in Satz 2, worin auf die kulturelle und geographische Dimension bezug genommen wird. Es kann damit keine der beiden Definitionsmöglichkeiten allein für sich gebraucht werden, sondern sie muss immer in Bezug auf die jeweils andere gesehen werden, wobei allerdings bewusst offen bleibt, wie stark beide Teile jeweils zu gewichten sind. Dadurch ist es möglich, auf die besonderen Bedürfnisse eines jeden beitrittswilligen Staates gesondert einzugehen. Ein pauschaler Ausschluss aufgrund des vermeintlichen Fehlens eines der Aspekte ist nicht möglich, sondern bedürfte der ausdrücklichen Begründung. In die gleiche Richtung zielt der Terminus der „Nähe zu Europa": Es ist hinreichend, aber im Grunde nicht notwendig, dass ein Beitrittsstaat „in Europa" liegt. Die „Nähe" wird der Wirklichkeit – vor allem in geographischer Hinsicht – weitaus besser gerecht, da es auch jetzt schon Gebiete und auch Staaten gibt, die der traditionellen geographischen Definition folgend eigentlich nicht mehr in Europa liegen. Dies sind zum einen die atlantischen Gebiete Spaniens und Portugal, aber vor allem auch Zypern und Malta als Beitrittskandidaten. Mit Blick auf die Zukunft bietet diese Definition auch die Möglichkeit, dynamisch auf Entwicklungen an der „geographischen Peripherie" Europas zu reagieren: Nicht nur die Aufnahme der Türkei oder auch Islands könnte dabei eine Perspektive sein, sondern auch eine engere Anbindung z.b. von Staaten des Maghreb oder des Nahen Ostens. Eine Beitrittsperspektive für diese Staaten böte dabei nicht nur die Gelegenheit, die Demokratie in diesen Staaten zu unterstützen und die Menschenrechtssituation zu verbessern, sondern auch andere Konflikte zu entschärfen bzw. beizulegen (z.b. die Westsahara-Frage). In ähnlicher Weise wäre es auch möglich, auf die Staaten Osteuropas Einfluss zu nehmen und in langfristiger Perspektive, die Anbindung der Russischen Föderation an „Europa" zu intensivieren oder gar eine „Eurasische Union" zu gründen.

Artikel 124 [Beitrittsverfahren]

Das Beitrittsverfahren im engeren Sinn erfolgt auf relativ einfache Art und Weise, wobei mit dem Prüfungsrecht der Kommission nach der Antragstellung die eigentliche Hürde zu nehmen ist. Diese Prüfung umfasst den vollständigen Katalog dessen, was bisher bei Beitrittsverhandlungen der Kommission auch schon obliegt. Sie besitzt insoweit ein unbeschränktes Prüfungsrecht, wenngleich die in Artikel 123 genannten Punkte dabei besonderer Berücksichtigung bedürfen.

Artikel 125 [Aussetzung von Mitgliedschaftsrechten]

Dieser Artikel greift das Verfahren der Aussetzung von Mitgliedschaftsrechten gemäß Art 7 EUV auf und entspricht diesem auch weitestgehend. Änderungen ergeben sich nur in Hinblick darauf, dass das Parlament die betreffende schwerwiegende und anhaltende Verletzung festzustellen hat. Insoweit übernimmt das Parlament diese bisher dem Rat obliegende Befugnis. Eine Neuerung ist auch die Beschwerdemöglichkeit des betroffenen Staates zum EuGH, wobei die Überprüfung kein Automatismus ist, sondern ein Tätigwerden des betroffenen Staates erfordert. Im Erweiterung zu Artikel 7 EUV, der „nur" eine schwerwiegende und anhaltende Verletzung der in Artikel 6 Abs. 1 EUV genannten Grundsätze erforderte, ist nun die Möglichkeit einer schwerwiegenden und anhaltenden Verletzung in Hinblick auf alle in der Verfassung enthaltenen Grundsätze und Werte gegeben. Die praktische Anwendung dieser Vorschrift wird aber aller Voraussicht nach nur gering sein.

Artikel 126 [Austritt aus der EU]

Die Möglichkeit eines Austritts aus der EU ist in den bisherigen Verträgen der Gemeinschaft nicht enthalten. Trotzdem besteht in rechtlicher Hinsicht weitgehend Einigkeit darüber, dass der Austritt eines Mitgliedstaats im gegenseitigen Einvernehmen mit den anderen Mitgliedstaaten möglich ist. Diesem Umstand soll durch die Aufnahme einer eindeutigen Formulierung in der Verfassung der EU Rechnung getragen werden.

Die Möglichkeit einer einseitigen Beendigung der Mitgliedschaft ist jedoch umstritten. Zum einen wird vertreten, dass die Verträge keine Bestimmungen über den Austritt oder eine Kündigung enthalten und eine einseitige Beendigung der Mitgliedschaft damit grundsätzlich ausgeschlossen sei. Zudem existierten Schutz- und Notstandsklauseln mit abschließenden Regelungen über die Handlungsmöglichkeiten der Mitgliedstaaten in solchen Fällen. Eine andere Auffassung lässt den einseitigen Austritt eines Mitgliedstaats nach allgemeinen völkerrechtlichen Regeln zu, insbesondere unter Anwendung der „clausula rebus sic stantibus" („wesentliche Änderung der Vertragsgrundlagen", vgl. Artikel 62 Wiener Vertragsrechtsübereinkommen), welche einen Austritt bei grundlegenden Veränderungen der bei Vertragsschluss gegebenen Umstände rechtfertigen würde.

Weiterhin besteht grundsätzlich für jeden Mitgliedstaat die Möglichkeit, die Zustimmungsgesetze zu den Verträgen durch förmliches Gesetz wieder aufzuheben. Die eingetretene völkerrechtliche Bindung des jeweiligen Mitgliedstaats lässt sich dadurch jedoch nicht beseitigen. Ungeachtet der genannten rechtlichen Probleme ließe sich ein einseitiger Austritt eines Mitgliedstaats faktisch nicht verhindern.

Titel XI: Allgemeine- und Schlussbestimmungen

Katharina Dahl (Artikel 127, 129, 132), Björn Hermann (Artikel 128, 130, 131) und Peter Ittenbach (Artikel 133)

Artikel 127 [Geltung der bisherigen Verträge]

Die Weitergeltung der bisherigen Gemeinschaftsverträge trägt zur Entlastung der in der Verfassung zu regelnden Inhalte bei. Die Verfassung regelt die Grundsätze der Europäischen Union, während Detailfragen weiterhin in den einzelnen Verträgen geregelt sind und entsprechende Geltung besitzen, soweit diese Verfassung keine anderweitigen Regelungen enthält, welche Vorrang vor den Bestimmungen der Verträge haben.

Artikel 128 [Geltungsbereich der Verfassung]

Die Verfassung gilt uneingeschränkt in allen Mitgliedstaaten der EU. Da sie die konstituierende Grundlage der Union ist, muss sie nach dem Beitritt weiterer Staaten zur Union von diesen in Kraft gesetzt werden. Zum Zwecke der Vereinheitlichung der Lebensverhältnisse auf dem Gebiet der Union sowie aller derjenigen Hoheitsgebiete, die in einem direkten staatsrechtlichen Zusammenhang zu Mitgliedstaaten der EU stehen, beansprucht die Verfassung auch Geltung für solche Gebiete, die nicht in Europa liegen oder aufgrund innerstaatlicher und/oder völkerrechtlicher Besonderheiten nicht direkt zu dem europäischen Territorium eines Mitgliedstaates gezählt werden. In Abs. 3 sind einige dieser Gebiete genannt, wobei diese Liste nicht abschließend gedacht ist, sondern mittels des Verfahrens in Abs. 5 bei Bedarf erweitert werden kann. Ist das Verfahren nach Abs. 5 für ein bestimmtes Gebiet einmal zum Abschluss gekommen, kann dies nicht widerrufen werden. Die Zielrichtung des Artikel in Hinsicht auf die europäischen Gebiete sind z.b. die Kanalinseln, die Insel Man, die Alandinseln, Gibraltar, evtl. die Färöer-Inseln, wobei die Absicht ist, Unklarheiten in Bezug auf den staatsrechtlichen Status innerhalb der EU zu beseitigen. Dies ist auch mit Blick auf die steuerrechtliche Seite nicht ganz uninteressant.

Keine Geltung hat der Artikel für die europäischen Kleinstaaten Andorra, Monaco und San Marino, wenngleich eine „Lösung" der Kleinstaatenfrage wiederum mit Blick auf die steuerrechtlichen Aspekte wünschenswert wäre.

Artikel 129 [Änderung der Verfassung]

Die Änderung dieser Verfassung ist ausschließlich durch ein Gesetz der EU möglich. Bestimmte Grundprinzipien der Europäischen Verfassung sind jedoch von einer Änderung ausgeschlossen. Dazu zählen insbesondere die in Artikel 2 aufgeführten Werte und Grundsätze der EU. Die in Abs. 3 zum Ausdruck kommende Garantie der Artikel 7 und 8 gilt auch für den Wesensgehalt der übrigen grundrechtlichen Gewährleistungen dieser Verfassung und entzieht sie damit der Disposition der Gesetzgebung der EU. Im Ergebnis bedeutet dies die Unabänderlichkeit der Grundrechte in ihrem Kernbereich.

Artikel 130 [Annahme, Ratifikation und Inkrafttreten der Verfassung]

Der Ratifikationsartikel entspricht der gängigen Form derartiger Artikel in völkerrechtlichen Verträgen; im vorliegenden Fall greift er praktisch wortgleich den entsprechenden Artikel des EGKS-Vertrags auf und stellt – wie die Präambel - eine Verbindung zu den Ursprungsverträgen her. Eine Besonderheit, die auch wieder ein Zugeständnis an die besondere „Natur" der EU ist, findet sich allerdings auch bei diesem Artikel: Gemäß Abs. 3 muss das Europäische Parlament in seiner bisherigen Form den Verfassungsvertrag ebenfalls ratifizieren. Insoweit tritt das Parlament zum ersten Mal gleichberechtigt neben die nationalen Parlamente und kann auf Unionsebene als „verfassungsgebende Versammlung" angesehen werden.

Artikel 131 [Geltungsdauer]
Die Verfassung hat solange Bestand, wie die EU besteht.

Artikel 132 [Sprachen]
(1) Im Sinne der Wahrung der sprachlichen Vielfalt und der Transparenz in der EU ist der Verfassungstext in den offiziellen Landessprachen aller beigetretenen und noch beitretenden Länder abzufassen. Nur so kann gewährleistet werden, dass die Sprachenpluralität und die Gleichberechtigung aller Sprachen innerhalb der EU gewahrt wird. Die Reduzierung des Verfassungstextes auf eine oder einige wenige Sprachen ist der Transparenz abträglich und würde zu ungerechtfertigten Benachteiligungen bei der Auslegung und rechtlichen Verbindlichkeit der Verfassung führen. Jedem Bürger der EU soll daher ermöglicht werden, den originären Verfassungstext in seiner eigenen Landessprache zur Kenntnis zu nehmen und sich in der Terminologie seiner Landessprache auf die Europäische Verfassung berufen zu können.

(2) Da die Sprachenvielfalt der EU mit der Aufnahme neuer Mitgliedstaaten die Kapazitäten des europäischen Amtsapparates übersteigt, ist es notwendig, die Verständigung auf der institutionellen Ebene aus pragmatischen Gründen auf einige wenige Sprachen zu beschränken. Seit der Gründung der Europäischen Gemeinschaft hat sich im internen Gebrauch in der Praxis die Bevorzugung der englischen und französischen Sprache durchgesetzt. Die deutsche Sprache wird eher vernachlässigt, gehört jedoch gemäß einer Dienstanweisung (vgl. Calliess/Ruffert: Art. 290 Rn 11) zu den Amts- und Arbeitssprachen.

Im Außenbereich der EU, insbesondere im Verkehr mit den Mitgliedstaaten und ihren Bürgern, sind die Organe verpflichtet, sich an die geltende Sprachenverordnung (die nur bzgl. der Amtssprachen zu ändern wäre) zu halten. Danach hat jeder Bürger Anspruch darauf, dass die Organe der EU mit ihm in seiner Landessprache oder in einer von ihm gewählten Sprache korrespondieren (vgl. auch Artikel 47 Abs. 4 dieser Verfassung).

Begründung für die gewählten Amtssprachen:

Englisch:

Englisch ist die meistgesprochene (Zweit-) Sprache Europas und in der Welt und wird in allen Schulen Europas als erste oder zweite Fremdsprache gelehrt. Auch im internationalen Wirtschafts- und Rechtsverkehr ist Englisch Korrespondenz- und Verhandlungssprache. Im außenpolitischen Bereich stellt sich Englisch aufgrund seiner Klarheit und Allgemeinheit als wichtige Basis für Vergleichbarkeit und Verhandlungsfähigkeit mit anderen Staaten dar, insbesondere mit den USA.

Französisch:

Französisch ist eine durch die ehemaligen französischen Kolonien ebenfalls weit verbreitete und häufig gesprochene Sprache sowie Kultursprache Europas. Als Sprache eines der Gründerstaaten der EG und meistpraktizierte Sprache in den Organen der EU (insbesondere am Europäischen Gerichtshof) und damit auch aus Praktikabilitätsgründen soll dem Französischen daher besonders Rechnung getragen werden.

Deutsch:

Die deutsche Sprache ist eine ebenfalls weit verbreitete Sprache, die insbesondere in Grenzländern Deutschlands, wie Österreich, der Schweiz, Luxemburg oder auch ehemaligen Besatzungsgebieten wie Elsass, Lothringen und in angrenzenden Ländern Ost- und Mitteleuropas teilweise noch gesprochen wird, vor allem bei älteren Teilen der Bevölkerung. Die Zahl der deutsch sprechenden Bevölkerung bzw. der Bevölkerungsteile mit Deutschkenntnissen in Europa geht daher weit über das Gebiet der Bundesrepublik Deutschland hinaus. Das Deutsche hat wie die französische Sprache ebenfalls historisch-kulturelle Bedeutung. Auch im Bereich der Wirtschaft hat deutsch als Sprache einer der größten Wirtschaftsnationen einen hohen Stellenwert.

Artikel 133 [Sitz, Flagge, Hymne, Währung und Feiertag]

In diesem Artikel wird eine Idee aus dem Verfassungsentwurf der EVP-Fraktion aufgegriffen. Er sieht die Verankerung wesentlicher Symbole der Union in der Verfassung vor.

Absatz 1 legt Brüssel als die „Hauptstadt" der Union fest. Dies bedeutet dabei keine Einschränkung der Lage der Unionsinstitutionen.

Absatz 2 verankert die Europäische Flagge, die in dieser Form bereits seit 1986 die Union repräsentiert. Die Zahl der Sterne beschreibt dabei nicht die Zahl der Mitgliedsländer, sondern gilt als Symbol der Vollkommenheit und Einheit.

Absatz 3 legt die „Ode an die Freude" als Europahymne fest. Sie ist bereits seit 1986 Hymne der Union und wird wohl mit dem gestärkten außenpolitischen Wirken der Union an Bedeutung deutlich gewinnen.

Absatz 4 schreibt den Euro als Zahlungsmittel der Union fest. Dies betrifft nur den Zahlungsverkehr der Union, nicht aber der Mitgliedstaaten. Es ist somit kein Zwang zum Beitritt zum Euro enthalten, wenngleich dies als eine implizite Aufforderung verstanden werden kann.

Absatz 5 verankert den Europatag, der in Anlehnung an Robert Schumans Rede für ein geeintes Europa auf den neunten Mai festgelegt wurde.

Natürlich könnte die Regelung von Flagge, Hymne usw. auch in Protokollen geschehen. Angesichts einer integrierenden Wirkung insbesondere von Flagge und Hymne ist eine Aufnahme derartiger Bestimmungen innerhalb der Verfassung aber sinnvoll. Insbesondere die Flagge, der Unionsfeiertag und die Europahymne prägen den Charakter der Union. Sie symbolisieren das Streben der Union nach einer Einheit Europas. Außerdem lässt ihre Verankerung in der Verfassung hoffen, dass ihnen eine stärkere Öffentlichkeit zuteil wird. Dadurch kann die europäische Identität gestärkt werden.

Dokumente und Schriften der Europäischen Akademie Otzenhausen
herausgegeben von Heiner Timmermann

Heiner Timmermann (Hg.)
Die DDR zwischen Mauerbau und Mauerfall
Von der wissenschaftlichen Beschäftigung mit dem „Gegenstand" Mauerbau und Grenzbefestigung wird der inhaltliche Bogen dieses Sammelbandes gespannt von der Ablösung Ulbrichts zum Zerfall des kommunistischen Systems Anfang der 80er Jahre bis zum Einigungsprozeß. 36 Artikel + zwei Einführungsbeiträge beschäftigen sich mit dem politischen System, der Gesellschaft und der Außenpolitik der DDR, mit dem Einigungsprozeß sowie mit den Themata von Ulbricht zu Honecker, vom Beginn des Zerfalls des kommunistischen System und vom Mauerbau zum Mauerfall.
Bd. 98, 2003, 592 S., 39,90 €, br., ISBN 3-8258-6751-x

Marian Zgórniak
Europa am Abgrund – 1938 –
Dieses Buch ist militärhistorisch angelegt. Der Verfasser rückt in den Vordergrund die wirtschaftlichen Grunddaten der wichtigsten europäischen Staaten, ihre Rüstungen, ihre Rüstungspläne, ihre militärischen Möglichkeiten sowie die nahezu exakte Beschreibung der militärischen Bestände am Vorabend des Kriegsausbruches. Die Arbeit fußt auf eine reichhaltige Auswertung von Archiven, gedruckten Quellen, Memoiren, persönlichen Berichten und einer umfangreichen Sekundärliteratur. Der Herausgeber dieser Reihe will ein wichtiges Werk eines polnischen Historikers einer deutschsprachigen Leserschaft bekanntmachen.
Bd. 100, 2002, 376 S., 29,90 €, br., ISBN 3-8258-6062-0

Valeri Afanasjev
Russische Geschichtsphilosophie auf dem Prüfstand
Die Diskussion über den Platz Rußlands in der modernen Welt knüpft notwendiger Weise an Themen der russischen Geschichtsphilosophie des 19. und 20. Jahrhunderts. Deshalb ist es lehrreich, ältere Quellen noch einmal aus heutiger Sicht zu untersuchen und sie auf den Gehalt für die Gegenwart zu befragen. Die alte Geschichtsphilosophie aus vorkommunistischer Zeit spielt für die ideologische Begründung aktueller Ziele in Rußland eine wichtige Rolle.
Bd. 101, 2002, 200 S., 29,90 €, br., ISBN 3-8258-6124-4

Heiner Timmermann (Hg.)
1961 – Mauerbau und Außenpolitik
Die wissenschaftliche Beschäftigung mit dem Mauerbau ist durch die Öffnung der Archive in einem verstärkten Maße möglich geworden. Beachtliche Forschungsergebnisse sind zu zeigten. Dieser Sammelband wurde verfaßt von 25 Autoren aus zehn Ländern. Nach zwei wertbezogenen Einführungsartikeln werden das politische Umfeld des Kalten Krieges, die Contingency Planning von NATO und USA, die Funktion von CIA und KGB beim Mauerbau, die Reaktionen in Frankreich, Großbritannien, China, Dänemark, Finnland, Jugoslawien, Schweden, Schweiz und in der Dritten Welt thematisiert. Den Abschluß bilden Konsequenzen für die deutschen Außenpolitiken.
Im Anhang befindet sich die Niederschrift des Wiener Gipfeltreffens zwischen Kennedy und Chruschtschow vom Juni 1961 mit einem Editorial.
Bd. 102, 2002, 408 S., 39,90 €, br., ISBN 3-8258-6293-3

Emilio Mikunda-Franco
Gerhard Oestreich als Historiker der Menschenrechte im Vergleich zu Gustav Radbruch
Ein rechtsphilosophischer Zugang
Dieses Buch ist rechtsphilosophisch und rechtshistorisch angelegt. Ausgangs- und Mittelpunkt sind die wichtigsten Beiträge des Historikers Gerhard Oestreich zur Historiographie der Menschen- und Grundrechte. Der Autor verbindet dieses mit den entsprechenden Aspekten des Juristen, Rechtsphilosophen und Politikers Gustav Radbruch. Leben und Werk beider sind innerhalb der historischen und gesellschaftlichen Zusammenhänge eingefügt. Emilio Mikunda-Franco, Jahrgang 1952, Professor für Rechtsphilosophie und Rechtstheorie an der Universität Sevilla/Spanien, zahlreiche Publikationen zu rechtshistorischen und rechtsphilosophischen Themen in spanischer und deutscher Sprache.
Bd. 103, 2002, 208 S., 29,90 €, br., ISBN 3-8258-6409-x

Michael Salewski; Heiner Timmermann (Hg.)
Gesichter Europas
Dieser Sammelband setzt sich mit historisch-politisch-philosophischen Dimensionen der Idee Europa aus verschiedenen geistigen und geographischen Blickwinkeln auseinander. Europa – das ist die Idee des Friedens, der Demokratie, der Rechtsstaatlichkeit, des Pluralismus, der Vielfalt der Nationen, Nationalitäten, Sprachen, Sitten, Brauchtümer, lokalen, regionalen und nationalen Traditionen. Der Ideenbogen wird weit gespannt: Von Herodot bis Robert Schuman. Politik und Geschichte umfassen den Zeitraum von der Antike bis zur Erklärung von Rom 2002.
Bd. 105, 2002, 336 S., 29,90 €, br., ISBN 3-8258-6376-x

LIT Verlag Münster – Hamburg – Berlin – London
Grevener Str./Fresnostr. 2 48159 Münster
Tel.: 0251 – 23 50 91 – Fax: 0251 – 23 19 72
e-Mail: vertrieb@lit-verlag.de – http://www.lit-verlag.de

Heiner Timmermann; Aleksandar Jakir (Hg.)
Europas Tragik
Ex-Jugoslawien zwischen Hoffnung und Resignation
Das Auseinanderfallen des jugoslawischen Staates hat zu einer europäischen Katastrophe und Europa schmerzhaft die eigene Handlungsunfähigkeit vor Augen geführt. Gewiß zählte Jugoslawien zu den kompliziertesten modernen Staatsschöpfungen. Nach erneuten Staatengründungen, Kriegen und Friedensschlüssen wird der Friede immer noch von außen gesichert. Das kann kein Dauerzustand bleiben. In diesem Sammelband setzen sich Politiker, Politikwissenschaftler, Historiker, Journalisten und Militärs mit der Frage einer friedlichen Zusammenarbeit auf dem Gebiet des ehemaligen Jugoslawiens auseinander.
Bd. 106, 2002, 160 S., 24,90 €, br., ISBN 3-8258-6527-4

Arno Krause; Heiner Timmermann (Hg.)
Europa – Integration durch Konvente
Mit dem Text des Vorentwurfs des Verfassungsvertrages. Band I
Dieses Buch schlägt einen großen Bogen, mit dem Schule, Universität, außerschulische Bildung und der interessierten Öffentlichkeit Handreichungen gegeben werden. Von der Idee Europa in Geschichte und Gegenwart zur Schuman-Erklärung vom 9. Mai 1950, über die Grundrechtecharta vom 7. Dezember 2002 zu den Beratungen des Verfassungskonvents vom Februar 2002 bis Oktober 2002 und seinem Vorentwurf für den Verfassungsvertrag vom 28. Oktober 2002.
Bd. 107, 2003, 216 S., 24,90 €, br., ISBN 3-8258-6525-8

Heiner Timmermann (Hg.)
Die Kubakrise 1962
Zwischen Mäusen und Moskitos, Katastrophen und Tricks, Mongoose und Anadyr
Die Kubakrise war mehr als das Aktionsfeld zwischen „Mongoose" und „Anadyr", Codewörter für amerikanische und sowjetische Planungen. Die Zusammenhänge zwischen Berlin- und Kubakrise sind offensichtlich. Wissenschaftler und Akteure aus den USA, Rußland, Frankreich, Ungarn und Deutschland setzen sich in diesem Sammelband mit vielschichtigen Facetten der Krise auseinander. Fragen bleiben offen: Wurde die Krise durch diplomatische Meisterleistung oder durch Zufall gelöst? Oder war die Krise überhaupt keine? Waren die berühmten „Dreizehn Tage" der Slogan für einen künftigen amerikanischen Wahlkampf oder die Zeit, in der die Welt am Rande einer Katastrophe stand? Hätten die in einem anderen Klima gebauten und erprobten Raketen auf Kuba überhaupt funktioniert? Trivial oder essentiell: Hätten Moskitos und Mäuse Antiraketen und Abschüsse unmöglich gemacht?
Bd. 109, 2003, 192 S., 24,90 €, br., ISBN 3-8258-6676-9

Heiner Timmermann (Hg.)
Juni 1953 in Deutschland
Der Aufstand im Fadenkreuz von Kaltem Krieg, Katastrophe und Katharsis
Ohne Zweifel hatten die Ereignisse, ihre Vorgeschichte und Wirkungen um den 17. Juni 1953 in der DDR nicht nur innen-, sondern auch außenpolitische Dimensionen. Dieser Band beschäftigt sich vornehmlich mit den außenpolitischen Aspekten – bezieht aber deutschlandpolitische mit ein. 17 Historiker und Politikwissenschaftler, ehemalige Diplomaten, Geheimdienstmitarbeiter und Journalisten aus sieben Ländern setzen sich mit dem internationalen Umfeld, den Reaktionen der Siegermächte des Zweiten Weltkrieges, den Rezeptionen in zwei neutralen Staaten und in China sowie mit der Bedeutung des 17. Juni 1953 für die deutsche Einheit auseinander. Der 17. Juni 1953 war eine Funktion im Kalten Krieg, bedeutete für viele Menschen eine Katastrophe, er bewirkte eine Katharsis im Sinne von Jammern und Schaudern, aber auch der durch die Tragödie bewirkten Affekte in „tugendhafte Fertigkeiten", indem die Machthaber vom 1989 die repressiven Vorgänge von 1953 nicht wiederholten.
Bd. 110, 2003, 288 S., 29,90 €, br., ISBN 3-8258-6890-7

Wissenschaftliche Paperbacks
Geschichtswissenschaft

Michael Richter
Irland im Mittelalter
Kultur und Geschichte
Im Mittelalter erlebte Irland eine frühe kulturelle Blüte, von der heute noch prachtvolle Handschriften wie das „Book of Kelts" oder die vielen Klosterruinen auf der „Grünen Insel" Zeugnis ablegen. Der Konstanzer Historiker Michael Richter hat eine kurze Geschichte dieser ereignisreichen Jahrhunderte geschrieben, die dem am Mittelalter interessierten Leser ebenso nachdrücklich empfohlen werden kann wie dem Irlandliebhaber.
Bd. 16, 2003, 216 S., 18,80 €, br., ISBN 3-8258-6437-5

LIT Verlag Münster – Hamburg – Berlin – London
Grevener Str./Fresnostr. 2 48159 Münster
Tel.: 0251 – 23 50 91 – Fax: 0251 – 23 19 72
e-Mail: vertrieb@lit-verlag.de – http://www.lit-verlag.de

Archiv zur DDR-Staatssicherheit
im Auftrag der Bundesbeauftragten für die Unterlagen des Staatssicherheitsdienstes der ehemaligen Deutschen Demokratischen Republik herausgegeben von Dr. Dagmar Unverhau

Abteilung Archivbestände der BStU
Findbuch zum "Archivbestand 2: Allgemeine Sachablage" des Ministeriums für Staatssicherheit der DDR
Angefertigt von einer Arbeitsgruppe der Abteilung Archivbestände unter Leitung von Marlies Lemcke, Birgit Schuldt und Monika Wucherpfennig unter Berücksichtigung zahlreicher Hinweise von Ralf Sehl. Konzeption, Erläuterungen und Redaktion der Verzeichnungsangaben von Joachim Franke. Schreibtechnische Umsetzung und Mitarbeit an der Registerbildung von Waltraudt Hecht
"Das nun vorliegende Findbuch, das erste seiner Art, ist besonders geeignet, die Forschungen über Struktur, Methoden und Wirkungsweise des Staatssicherheitsdienstes zu unterstützen. Es dokumentiert den vom MfS gebildeten und archivierten "Archivbestand 2 des MfS: Allgemeine Sachablage".
Von diesen Ablagen bzw. Beständen gibt es mehrere. Sie sind dadurch gekennzeichnet, daß bei der Ordnung der Unterlagen das archivische Herkunfts- oder Provenienzprinzip unbeachtet blieb. Das MfS hat bei der Ablage von Informationen nicht allgemein gültige archivische Grundsätze beachtet, sondern vielmehr politischoperative Aspekte und die Wahrung der Konspiration. So wurden in seinem "Archivbestand 2" Informationen zu den unterschiedlichsten Betreffen gesammelt. Mit Akten über Beobachtung und Kontrollen im In- und Ausland, Mitteilungen über Havarien, Brände und Todesfälle, Berichte über Häftlinge und Haftanstalten, Republikfluchten, die Stimmung im Lande bis hin zur Zusammenarbeit mit anderen Sicherheitsdiensten des Ostblocks und zur internen Verwaltung des Ministeriums bietet dieser Bestand einen beredten Querschnitt durch nahezu alle Tätigkeitsfelder des Staatssicherheitsdienstes und seiner Vorgängerinstitutionen."
Marianne Birthler
Bd. 4, 2001, 328 S., 12,90 €, br., ISBN 3-8258-5543-0

Dagmar Unverhau (Hg.)
Kartenverfälschung als Folge übergroßer Geheimhaltung?
Eine Annäherung an das Thema Einflußnahme der Staatssicherheit auf das Kartenwesen der DDR. Referate der Tagung der BStU vom 08.–09.03.2001 in Berlin
Bd. 5, 2. überarb. Aufl.2003, 304 S., 19,90 €, gb., ISBN 3-8258-5964-9

Diktatur und Widerstand
herausgegeben von Manfred Wilke
(Freie Universität Berlin)

Michael Kubina
Von Utopie, Widerstand und Kaltem Krieg
Das unzeitgemäße Leben des Berliner Rätekommunisten Alfred Weiland (1906–1978)
Am Morgen des 11. November 1950 wird der Berliner Journalist Alfred Weiland von Agenten der sowjetischen Staatssicherheit aus den Westsektoren in den sowjetischen Sektor verschleppt. Das Buch schildert die politische Biographie dieses Journalisten. Im Mittelpunkt stehen dabei die Jahre 1945 bis 1950, als er versuchte, eine Sammlungsbewegung freiheitlicher Sozialisten zu schaffen und mit den "Gruppen Internationaler Sozialisten" eine der ersten antibolschewistischen Widerstandsorganisationen in Berlin und der SBZ aufbaute. Im Visier von SED-Abwehr und sowjetischer Staatssicherheit war ein Verharren zwischen den Fronten nicht möglich. Weiland entschied sich für den Westen und nahm mit den Amerikanern Kontakt auf.
Bd. 1, 2001, 576 S., 40,90 €, gb., ISBN 3-8258-5361-6

Stefan Meining
Kommunistische Judenpolitik
Die DDR, die Juden und Israel. Mit einem Vorwort von Michael Wolffsohn
Jahrzehntelang verbreitete der SED-Staat die gleiche Botschaft: Nie wieder Krieg! Nie wieder Faschismus! Nie wieder Antisemitismus in Deutschland! Neue Dokumente aus ostdeutschen, israelischen und amerikanischen Archiven belegen das Gegenteil: Die DDR weigerte sich, Wiedergutmachung zu leisten und rüstete gleichzeitig unter dem Deckmantel absoluter Geheimhaltung die radikalsten Feinde Israel mit modernstem Kriegsgerät aus. Wieso setzte die SED auf arabische Staatsterroristen, vertuschte den Antisemitismus in der DDR und zeigte den Juden und dem jüdischen Staat die kalte Schulter? Fragen zu einem der heikelsten Kapitel der DDR-Geschichte, die in diesem Buch beantwortet werden sollen.
"... ausgezeichnet und bislang praktisch unbekannt Meinings Forschungsergebnisse über die antiisraelische und proterroristische Nahostpolitik Ulbrichts und Honeckers ... "
Friedrich Schreiber, Lehrbeauftragter an der Universität München und ehemaliger Nahostkorrespondent der ARD

LIT Verlag Münster – Hamburg – Berlin – London
Grevener Str./Fresnostr. 2 48159 Münster
Tel.: 0251 – 23 50 91 – Fax: 0251 – 23 19 72
e-Mail: vertrieb@lit-verlag.de – http://www.lit-verlag.de

"... das interessanteste Buch über den deutschen Kommunismus und die Juden – solide recherchiert, gut geschrieben und spannend wie ein Krimi ..."
Hubertus Knabe, Direktor der Gedenkstätte Berlin-Hohenschönhausen
Bd. 2, 2002, 576 S., 40,90 €, br., ISBN 3-8258-5470-1

Udo Baron
Kalter Krieg und heisser Frieden
Der Einfluss der SED und ihrer westdeutschen Verbündeten auf die Partei 'Die Grünen'
Der „Kampf um den Frieden" bildete das zentrale Kampagnethema der SED-Westarbeit. Mit dem NATO-Doppelbeschluss aus dem Jahre 1979 steuerte er seinem Höhepunkt entgegen.
Diese Studie analysiert die Einflußversuche von SED, DKP und ihren Bündnisorganisationen auf die Partei „Die Grünen" im „Friedenskampf". Welche Funktion hatten die Grünen in der Friedensbewegung? Welche Rolle spielten sie in der Strategie der SED? Welche Nachwirkungen hatten die Einflussversuche der SED auf die Grünen?
Bd. 3, 2003, 312 S., 29,90 €, gb., ISBN 3-8258-6108-2

Heike Amos
Politik und Organisation der SED-Zentrale 1949 – 1963
Struktur und Arbeitsweise von Politbüro, Sekretariat, Zentralkomitee und ZK-Apparat
In der vorliegenden Studie über die Funktion und Arbeitsweise der Führungsgremien der SED von 1949 bis 1963 wird die Art und Weise, wie die SED-Führung ihre politische Macht in der DDR ausübte und absicherte, beschrieben. Die Autorin analysiert Organisation, Struktur, personelle Zusammensetzung und die Verteilung fachlich-politischer Verantwortlichkeiten innerhalb der obersten SED-Gremien – dem Politbüro, dem ZK-Sekretariat, dem ZK-Fachapparat und dem Zentralkomitee. Des weiteren werden Arbeitsweise und Entscheidungsabläufe in den genannten Gremien der SED untersucht, ebenso das Funktionieren des SED-Kader-Nomenklatursystems sowie die Karriereverläufe von SED-Spitzenpolitikern.
Ausführlich kommen die Ursachen und Auswirkungen der in den 1950er Jahren zwei Mal aufbrechenden Machtkonflikte – 1953 und 1956/1958 – zwischen SED-Spitzenfunktionaeren im Politbüro des ZK der SED zur Sprache.
Bd. 4, 2003, 720 S., 29,90 €, gb., ISBN 3-8258-6187-2

Münsteraner Judaistische Studien
Wissenschaftliche Beiträge zur christlich-jüdischen Begegnung
hrsg. vom Institutum Judaicum Delitzschianum in Münster

Folker Siegert
Zwischen Hebräischer Bibel und Altem Testament
Eine Einführung in die Septuaginta
Bd. 9, 2001, 352 S., 25,90 €, br., ISBN 3-8258-5012-9

Jürgen U. Kalms (Hg.)
Internationales Josephus-Kolloquium Amsterdam 2000
Bd. 10, 2001, 304 S., 30,90 €, br., ISBN 3-8258-5013-7

Folker Siegert (Hg.)
Grenzgänge
Menschen und Schicksale zwischen jüdischer, christlicher und deutscher Identität. Festschrift für Diethard Aschoff
Bd. 11, 2002, 456 S., 30,90 €, br., ISBN 3-8258-5856-1

Folker Siegert, Jürgen U. Kalms (Hg.)
Internationales Josephus-Kolloquium Paris 2001
Studies on the Antiquities of Josephus. Etudes sur les Antiquités de Josèphe
Bd. 12, 2002, 224 S., 30,90 €, br., ISBN 3-8258-5859-6

Folker Siegert
Register zur "Einführung in die Septuaginta"
Mit einem Kapitel zur Wirkungsgeschichte
Bd. 13, 2002, 144 S., 20,90 €, br., ISBN 3-8258-5785-9

Jürgen U. Kalms; Folker Siegert (Hg.)
Internationales Josephus-Kolloquium Dortmund 2002
Arbeiten aus dem Institutum Judaicum Delitzschianum
Bd. 14, 2003, 248 S., 29,90 €, br., ISBN 3-8258-6557-6

Ilmars Hiršs
Ein Volk aus Juden und Heiden
Der ekklesiologische Beitrag des Ersten Petrusbriefes zum christlich-jüdischen Gespräch. Herausgegeben von Martin Rese in Zusammenarbeit mit dem Institutum Judaicum Delitzschianum
Bd. 15, 2003, 216 S., 24,90 €, br., ISBN 3-8258-6618-1

LIT Verlag Münster – Hamburg – Berlin – London
Grevener Str./Fresnostr. 2 48159 Münster
Tel.: 0251 – 23 50 91 – Fax: 0251 – 23 19 72
e-Mail: vertrieb@lit-verlag.de – http://www.lit-verlag.de